Career Success
Effective Communication
Interpersonal Skills
Leadership Development

圖解
卡內基
人際溝通

一冊掌握個人心理建設、人際互動與職場成功祕訣

溝通達人工作室──編著

卡內基紀事

戴爾·卡內基（Dale Carnegie, 1888-1955）

1888.11.24 　　**1912**(25歲) 　　**1916**(29歲)

生於美國密蘇里州小城梅利維爾（Maryville）。家境清寒，童年時期每天都要早起協助農事。後來靠自己努力進入瓦倫斯堡州立師範學院就讀，畢業後的第一份工作就是推銷員，也曾當過演員，後以教導演說技巧為業。

創辦卡內基訓練機構，並開始四處演說，推廣他的人生信念與溝通演說技巧，得到愈來愈多人的支持。

卡內基與友人在美國、加拿大、英國等地進行了兩年的巡迴演說。同時，卡內基訓練機構也在全球各地成立分支點，為企業提供人才訓練服務。

1931（44 歳）

1936（49 歳）

1948（61 歳）

1955.11.01（68 歳）

出版《公眾演說與商業溝通技巧》（*Public Speaking and Influencing Men in Business*），此書被用來作為卡內基訓練的基本教材。

《如何贏取友誼與影響他人》（*How to Win Friends and Influence People*）出版即造成旋風，風靡美國國內外各地，全球銷售超過兩千多萬冊，並有多國語言翻譯。

出版《如何停止憂慮開創人生》（*How to Stop Worrying and Start Living*）一書，全球三十六種語文發行，成為人際溝通的必讀教材。

卡內基訓練機構在全球 80 個國家擁有百餘個分支。

逝於紐約市皇后區的森林小丘（Forest Hills）的自宅中，據稱死於何杰金氏淋巴瘤（Hodgkin's Disease）。

目錄
Contents

目錄

序　篇

　　日益競爭的社會中，許多人不斷在問，要如何追求成功？過去先賢先哲們所說的成功法門，時至今日仍然有效嗎？戴爾・卡內基生於十九世紀末，他所創立的卡內基訓練以及有關人際溝通的方法與理論，於之後兩個世紀持續發揮巨大的影響力，被很多人奉為追求成功的最佳工具。更有無數後人以其觀念為藍本，進一步闡述人際關係的重要性與溝通的技巧。

　　在卡內基過世多年後的今日，他的影響力仍然無遠弗屆。本書以卡內基的謀略與訓練為本，將其人際關係的理論與技巧，以簡明、清晰、扼要的方式加以闡述，並輔以圖解說明，俾使讀者能迅速閱讀與理解運用。希望藉由卡內基大師的指引，為在人海和職場中掙扎的芸芸眾生，點上一盞明燈，幫助人們以最簡單有效的方法，追求成功人生。

　　本書在架構上從簡單理論說起，再談個人技巧的培養，包括如何從心做起、克服恐懼、個人口才的訓練與養成等等，然後擴展到人與人的互動，以及如何在團體與職場中取得優勢。全書各頁並摘錄卡內基重要語錄，供讀者自省與惕勵。

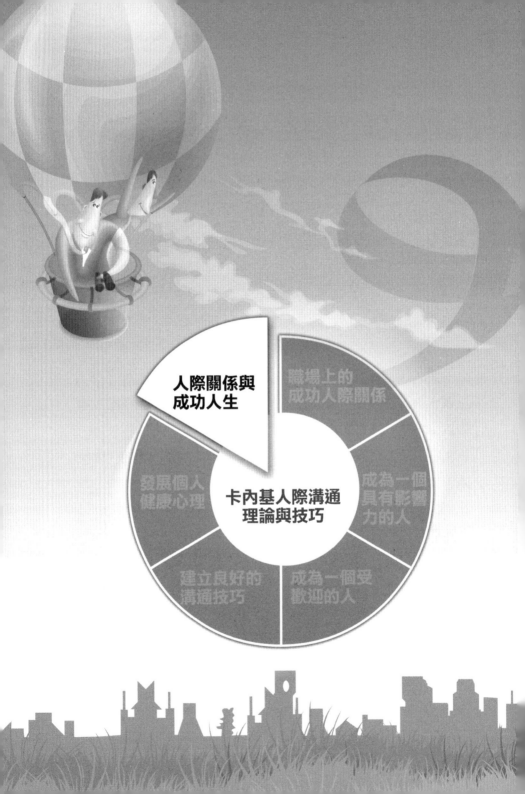

人際關係與
成功人生

職場上的
成功人際關係

發展個人
健康心理

卡內基人際溝通
理論與技巧

成為一個
具有影響
力的人

建立良好的
溝通技巧

成為一個受
歡迎的人

人際關係的重要性

　　顧名思義，人際關係指的就是個人與他人的關係，是人與人之間的往來，也是人在群體中存在的一個處境。自古以來，不論中外，人們都對人際相處之道非常重視。儒家所強調的五倫，「父子有親，君臣有義，夫婦有別，長幼有序，朋友有信」，就是人際角色的規範。美國著名的行為科學家梅奧（George Elton Mayo）更透過實驗研究證明，良好的溝通與人際關係確實有助於提升工作表現。

　　卡內基曾在他的著作中提到，芝加哥大學及基督教青年會（YMCA）兩個機構在美國康乃狄克州的麥瑞丁城做過一項費時兩年的調查。城中每位居民都接受了一份由一百五十個問題所組成的問卷調查。根據統計結果顯示，人們最重視的是健康，接下來就是人際溝通的問題，包括如何與他人打交道、如何博取他人好感，以及如何使他人信服。

為什麼人們如此重視人際的相處

　　人是群體的動物，根據心理學家馬斯洛（Abraham Maslow）的理論，人有各種不同層次的心理需求，其中一個需求就是渴望歸屬感，而歸屬感則來自人際關係的和諧，讓人可以擁有被接納、被肯定、被重視和融入團體的感覺。

　　根據我國精神健康基金會公布的「2016年全民精神健康指

梅奧的霍桑實驗 (Hawthorne Experiment)

1924-1932年在位於美國芝加哥的西方電器公司的霍桑工廠中進行，目的是要了解工作條件、環境等外在因素與生產效率的關係，而所得到的結果大大改變了傳統管理理論的主張。梅奧也據此提出他的人際關係學說。

傳統管理理論
生產效率主要受工資待遇所刺激。人是被動、孤立的個體。

梅奧的人際理論
生產效率受工作環境中的人際關係所影響。人是渴望被注意、被獎勵、有歸屬感的。

馬斯洛的需求金字塔理論

自我實現
追求成長和理想

自尊需求
追求自我的價值感

社會需求
被愛和有歸屬感

安全需求
免於生理和心理上的恐懼與傷害

生理需求
水、食物、溫暖和性等人類生存的基本需要

冒險吧！人生本是一場探險，最有成就的人就是那些敢於嘗試和挑戰的人。

數」調查報告，在社會參與、信任與安全感、鄰居連結度上，約有九百六十七萬人屬低度連結；有超過四百萬人對他人不信任，缺乏歸屬感。由此可知，即使我們的生活水準變高，對於人際相處的掌握卻不見得會跟著進步，而這種技巧恰恰是追求美好生活與自我成長不可或缺的條件。

人們希望有好的人際關係，但是常常在做法和表現上顯得笨拙，自我與他人之間的橋樑因此建構不良。在人際互動較少的游牧或農業社會中，這種溝通不良或許對個人不會造成太大的困擾，但是在人口稠密的大都會、勞力密集的產業、日新月異的服務及資訊工業，溝通不良可是成功的致命傷。

好的人際關係是成功的基石

「做人要成功，事業才會成功。」這個目前廣被接受的觀念告訴我們，成功的人際關係才是追求自我實現的基礎。億萬富豪約翰・洛克斐勒（John D. Rockefeller）也曾經說過：「與人相處的能力如果像糖果一樣是可以買賣的商品，比起其他事物，我願意為這種能力多付些錢。」

戴爾・卡內基由實務建立起自己的理論，再由理論發展出一套完整的訓練。參與訓練者的成功經驗，印證了改善人際關係的確有助於個人在事業、家庭與社會上的成就。了解卡內基的理論與訓練，能夠幫助我們達到成功人生。

卡內基的成功人生圖像

想要追求幸福成功？想要得到發自內心的快樂？想要與他人相處時能如魚得水般自在優游嗎？綜合卡內基的演說、著作與訓練內容，他所勾勒出的成功人生圖像，乃是一個具有下列特質的人：

成功人物的五項特質

冷靜分析過往的錯誤，從中記取教訓，然後放下它，這才是有建設性的做法。

為什麼要追求成功

由於人總是想要追求快樂的生活，獲得快樂被認為是追求成功最重要的動力。卡內基說：「想要追求快樂，就要給自己訂下目標，使自己能集中精神，發揮能力，並燃起希望。快樂來自內心，來自全心全意投入某件事的過程。要得到快樂，就要讓自己對許多事情抱持更多的熱忱。」成功無非就是完成自己所訂定的目標。當你訂下目標並且努力完成，就是一種快樂。

當然，在獲得成功之時，除了快樂，也伴隨著其他的報酬，或許是為數可觀的金錢，或許是千秋不墜的名聲，或許是愛人的溫柔擁抱。但這一切都比不上自我內心的滿足與愉悅，此乃成功最吸引人之處。

卡內基的行動知識

卡內基終其一生都在激勵人們追求成功。他的童年貧困，青少年時期的求學過程也飽受挫折。在一次成功的表演經驗之後，他領悟到追求成功會為個人帶來無限的歡愉與幸福，於是他鑽研成功的法門，不但造就自己不凡的人生，更藉由他所創立的卡內基訓練，幫助不計其數的人也達到自我實現。

卡內基訓練的核心，其實就是一種人際關係的強化。有些人或許存疑，光是改善人際關係便能獲得成功嗎？然而，社會乃是由人所組成，只要能克服人的問題，挫折自然會減少，成功的機會當然也跟著增加。

如何達成成功的人生

判斷力加上企圖心，再以活力為佐料，就是成功的最佳食譜。

卡內基的成功邏輯

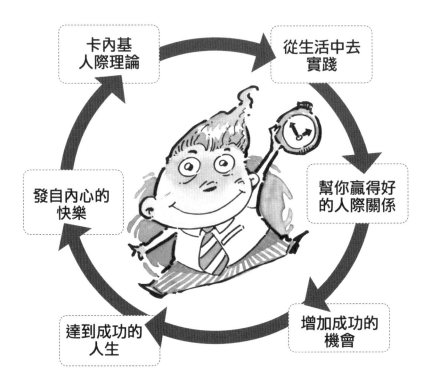

卡內基
人際理論

從生活中去
實踐

發自內心的
快樂

幫你贏得好
的人際關係

達到成功的
人生

增加成功的
機會

　　卡內基所提供的是行動的知識，也就是告訴你怎麼去做的技巧。當你學習卡內基的理論，並理解了這些知識，接著則是放下書本或走出教室，到家庭、辦公室、生意場合等地方去做實驗，將學到的技巧與訣竅進行實際的應用。卡內基的成功邏輯，最重要的就是身體力行。能在日常生活中去實踐，才能得到實際的進步，也才能實現設定的目標。

擁有成功人際關係的條件

　　要踏上成功的道路，必然有一番征戰，這時你必須準備好足夠的武器，也就是要具備一些條件。卡內基的理論和訓練要幫助你培養以下這些能力，以這些力量為基礎去追求好的人際關係和成功生涯。

了解和改變
自己的勇氣

排除恐懼和焦
慮的能力

努力達成目標
的毅力

清楚設定目標
的判斷力

傾聽和關懷
別人的耐力

卡內基語錄

下定決心就能克服任何恐懼，記得，恐懼只存在於你的心中。

了解和改變自己的勇氣

「真實地面對自己、珍惜生命、永遠都懷著學習的意願，這三種想法是非常重要的。」卡內基這麼說道。

能清楚了解自己，承認自我的缺點並加以改進，需要莫大的勇氣。許多人不了解自己，甚至不願意傾聽內在的聲音，尤其在面對挫折的時候，更無法接受自己的過失或能力不足。不願意面對真實的自我，也就無法真正地改變和成長。勇敢地面對自己，可以讓自己在挫折時找出焦慮的來源，從而加以消除或轉化。勇敢地面對自我，也可以讓自己在成功時，清楚知道獲得成就與快樂的原因，避免迷失了方向。

清楚設定目標的判斷力

「讓心靈平靜的最大祕訣就是肯定自我的價值。所以在設定目標時，要運用理性與智慧的判斷。」卡內基說道。

設定目標時，要確定所設定的目標是否可以達到自己所要的結果。這就是判斷力。人們常因設定的目標錯誤，而無法成功。選擇工作就是一個很好的例子，如果你選擇了一份自己沒有興趣的工作，怎麼可能做得好呢？在人際關係的處理上也是一樣，要先清楚自己的定位和原則，否則因為想要獲得別人的認同和喜愛，就隨意改變自己的信念，不僅無法贏得信任，更會讓自己前後矛盾無所適從。

排除恐懼和焦慮的能力

恐懼來自對未知的事感到害怕，會使我們失去理性和邏輯思考的能力；焦慮則來自恐懼，擔心自己無法處理好所害怕的事情，擔心自己無法度過困難。恐懼和焦慮是影響工作與人生最大的阻力。

排除恐懼和焦慮需要有效的方法。卡內基認為最根本是要從心做起，了解恐懼與焦慮的源頭，加以控制和排除，並找到自己喜歡從事的工作，專心致志，讓忙碌取代因焦慮而起的無謂思考。（發展個人健康心理將在後面三篇中詳加說明。）

內心感到恐懼與焦慮時

人際關係差	決策判斷不佳	無法堅持意志

卡內基語錄
除非你喜愛自己所從事的工作，否則很難有成功的機會。

努力達成目標的毅力

卡內基強調：「只要你不認為不可能，你就不會被打敗。」

在追求目標的過程中，挫折與因挫折而起的焦慮是不可避免的。要有非凡的毅力，才能愈挫愈勇，走到目的地。多少人就是因為無法堅持，永遠與成功擦身而過。

在成長的過程中，在與人交往的互動裡，要能優雅妥善地處理形形色色的人際問題絕非易事，即使有時想要稍微改變一下說話的口氣，常常也是難以維持。但為了達成目標，卡內基要我們練習凡事從小處著手，培養挫折忍受度，才能建立起更佳的毅力。

傾聽和關懷別人的耐力

「贏取友誼和影響他人最有效的方法，就是認真地對待別人的想法，讓對方覺得自己很重要！」卡內基這麼說道。

我們應該具備傾聽別人的能力，因為若無法聽出對方真正的想法，如何能做良好的溝通呢？無法與他人有良好的溝通，又如何能有成功的人際關係？

要能真心誠意地傾聽別人，必須先發自內心地關懷別人。關心別人這種好像應該是與生俱來的能力，在現代人的身上愈來愈難找到。卡內基要我們安靜地聽別人說話。他說過：「專注傾聽，是給對方一種無可比擬的讚美。」當你可以耐心地聽完別人滔滔不絕的話語時，你已經在無形中搭起了別人對你的信賴。當信賴已經建立好，還有什麼無法溝通的呢？

　　了解人際關係對成功人生的重要性之後，卡內基人際理論最根本的一點就是教大家要擁有健康的心理。本書接下來就要分析發展健康心理的步驟。

毅力　愈挫愈勇，堅持目標的能力。

耐力　傾聽他人說話且關懷他人的能力。

能夠達成佳績的人，多半是那些在毫無希望的處境中仍奮力不懈的人。

人際關係與
成功人生

職場上的
成功人際關係

發展個人
健康心理

卡內基人際溝通
理論與技巧

成為一個
具有影響
力的人

建立良好的
溝通技巧

成為一個受
歡迎的人

第二篇

發展個人健康心理（一）
克服恐懼

● 找出恐懼的來源
● 心理的建設
● 行為的建立

找出恐懼的來源

　　人的恐懼來自面對不確定或不了解的事物。恐懼，會使我們在行事上亂了方寸，在思考上失去邏輯與理性，面對困境無法找出問題的核心。卡內基深知人類的恐懼心態所產生的不良影響，因此提出了許多克服恐懼的想法與做法。

　　「分析你所害怕的事，就能減輕恐懼。」卡內基說道。有的人怕老鼠，有的人恐懼妖魔鬼怪，有的人害怕獨處，有的人恐懼黑暗。中國有句俗話說：「一朝被蛇咬，十年怕草繩。」正是描寫恐懼心態若未克服，可能造成的誤解與深遠影響。

　　小孩怕被父母打罵、女人害怕男人移情別戀、商人擔心血本無歸、政治人物畏懼輿論、學生畏懼考試。不同的人有不同的恐懼，這些恐懼可能有理，可能只是瞎操心，也可能是不懂、不努力所造成！找出你在恐懼什麼，是克服恐懼的首要條件，就像要打仗得先知道敵人是誰。如何找出恐懼的來源呢？

　　● **問問自己到底在害怕什麼**：找出你所恐懼的對象，也許是某個人、某件事、某樣東西、某個場合、某個處境。

　　● **恐懼的對象是否合理**：這個敵人值得你害怕嗎？譬如你恐懼某個人，因為他看來很凶，但這是事實嗎？或者只是你個人以為而已。要實際去求證。

　　● **恐懼是可以解除的嗎**：這就牽涉到以下所論及的心理建設與行為建立了。

克服恐懼的方法

心理的建設

　　著名的英國心理學家海菲德（J.A. Hadfield）做過一項關於心理對生理有多大影響的實驗。海菲德找來三個人接受測驗，要測測他們的力氣有多大。他請三人握住測力計，然後給他們三種不同的情境。第一種是在正常清醒的情況下施力，則三人的平均抓力是一百零一磅。第二種情況是告訴三人他們被催眠了，而且催眠中的他們是處於衰弱的狀態，則測量出來的平均抓力只有二十九磅。第三種情況是告訴他們催眠中的自己是力大無窮的戰士，則平均抓力達一百四十二磅。由此可見心理對生理具有不可思議的影響力。

　　因此，對於克服恐懼這件事，卡內基教導我們要先從心做起四項準備工作。

下定決心要克服恐懼

　　「只要下定決心，就一定能克服所有的恐懼。要知道，恐懼只存在你的內心。」卡內基如此說道。下定決心是克服恐懼的第一步。你要有強大的心理建設去面對恐懼的來源：它來自你的內心對事物的評斷，也就是當你面臨一個特殊的處境時，你可以決定這件事是否會讓你感到恐懼。如果你決定不再對這個處境感到恐懼，你就能戰勝它。

☐克服恐懼的心理條件

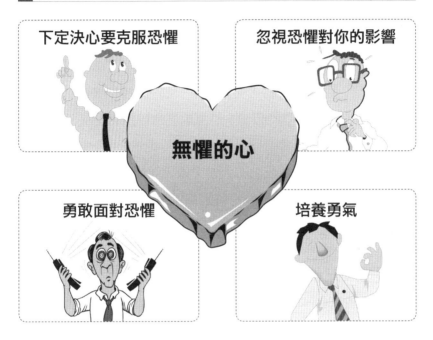

下定決心要克服恐懼

忽視恐懼對你的影響

無懼的心

勇敢面對恐懼

培養勇氣

忽視恐懼對你的影響

「恐懼是懦弱的惡徒，要克服它，只要當它不存在就行。」
卡內基用輕視的方式來面對恐懼，就是要人們不要把內心的恐
懼感看得太嚴重。如果你在恐懼的時候告訴自己，恐懼並不可
怕，你就愈不會受到恐懼的影響。

勇敢面對恐懼

「面對巨大的打擊時，不要退縮。你將會驚喜地發現，恐懼逐漸退去。」當打擊來臨時，恐懼感油然而生，伴隨著強烈的壓力，你可能覺得一分鐘都撐不下去了，可是千萬不要在這個時候放棄，因為轉捩點可能就在下一秒。中國人說：「否極泰來。」抱持堅持到底的想法，恐懼感就會自然消退。

有些人在恐懼時會選擇退縮，把一切責任都歸咎於別人或種種外在的因素。但是成功的人會勇敢地承擔責任，即使面對可怕的結果也坦然以對。這時，因為內心生出的決心與勇氣，一定會為危機帶來轉機。

培養勇氣

卡內基強調，如果思想是快樂的，我們當然就是快樂的；如果心懷恐懼，就會表現出恐懼的樣子。而要對抗恐懼和任何不幸，勇氣的力量勝於理性。勇敢面對恐懼，坦然接受事實及未知，才能成就最無懼的心靈。

古希臘哲人亞里斯多德說過：「勇氣是無懼與過度害怕的平衡點。」在面對與克服恐懼的事物上，勇氣是很重要的條件與建設。卡內基說道：「如果你想要培養勇氣，那就多做些你所恐懼的事，直到累積了許多的經驗，恐懼將會自動消退。」

針對勇氣的培養，卡內基提出六個具體的方式，可以讓我們在日常生活中去應用與實踐。

培養勇氣的六種方法

裝作有勇氣的樣子

即使你內心真的害怕，也要有大無畏的架勢，這會使你更勇敢。

夜晚比白天更容易令人沮喪

陽光會帶來勇氣。所以盡量早睡早起動。

觀察別人面對挫折與困難時的反應

看別人如何克服挫折，並加以學習。你要相信，別人可以的話，你也一定可以。

勇氣是衡量偉大的一把尺

用勇氣來衡量自己的內心，看看自己能做到什麼樣的程度。告訴自己一定要有勇氣去面對逆境。

記得人生本來就起起伏伏

人生不如意的事十常八九。在低潮的時候保持勇氣，就能幫助自己東山再起。

想想別人的情況

恐懼是人人都會有的情緒反應，你不需要為了自己的軟弱而感到羞愧或自憐。只要想想別人跟自己是一樣的，你就會覺得恐懼沒有什麼大不了。

卡內基語錄

恐懼是懦弱的惡徒，要克服它，只要當它不存在就行。

行為的建立

當我們把自己的內心建設好，能夠無畏地面對恐懼時，卡內基接著舉出一些落實的方法，讓你在行動上也能克服恐懼。

把注意力集中在你做的事情上

「當你感到害怕的時候，把注意力集中在你正在做的事情上，做好萬全的準備，就可以消除恐懼。」這是轉移注意力的方法，也就是不要一直去想著恐懼的感覺，找別的事來讓自己投入，專心去做，你就會忘了恐懼。

以忙碌的工作來克服恐懼

「怠惰的行為會造成心中的疑慮和恐懼，而積極的行動會帶來信心和勇氣。要克服恐懼，千萬不要坐在家中胡思亂想，要保持忙碌。」當你害怕目前的處境或是擔心即將發生的事情時，與其坐在那裡煩惱，不如起來做事，讓忙碌的工作讓你忘了恐懼，同時工作的成就感也會給你帶來應付恐懼的勇氣。

表現出快樂的樣子

卡內基舉了一個常見的例子：一般人走過墳場時，常會吹口哨來壯膽。這就是用裝作快樂、不在乎的樣子來克服恐懼。你也許會覺得這種方式未免有些自欺欺人，但事實上，當你試圖

☐克服恐懼的行為

把注意力集中在你做的事情上

表現出快樂的樣子

以忙碌的工作來克服恐懼

勇於冒險

表現出快樂的樣子，真的會讓你漸漸感到快樂，驅走心中的恐懼感。試試看，這是人類直覺的反應，也是極有效的方法。

勇於冒險

「當你面對未知的情況而感到害怕時，告訴自己，人生不過是趟旅程，冒個險又有何妨！」對你不曾做過的事情，就當作是去探險尋寶，有了經驗之後，你就不會對不熟悉的事物產生過度的恐懼感了。

人際關係與
成功人生

職場上的
成功人際關係

成為一個
具有影響
力的人

發展個人
健康心理

卡內基人際溝通
理論與技巧

建立良好的
溝通技巧

成為一個受
歡迎的人

第三篇

發展個人健康心理（二）
克服憂慮

● 分析憂慮的起因

● 排除憂慮的方法

卡內基小時候常常必須到農場幫忙父母採收農作，有天他忽然難過地哭了起來，媽媽問他為什麼哭，他回答說：「我怕被土石給埋了。」那時候他心裡充滿憂慮，擔心食物不夠、擔心被比他強壯的孩子欺負、擔心被嘲笑、擔心沒有女孩子要嫁給他。但等他慢慢長大之後，他發現他所擔心憂慮的事，百分之九十九都沒有發生過。

憂慮是一項會影響我們發展成功人際關係的障礙，試想，如果心中永遠有解除不了的憂慮，怎麼能積極正向地面對人生呢？所謂的敞開胸懷，就是要我們盡可能地放下心中的憂慮，把思考集中在解決問題上，別讓憂慮的情緒霸占我們的心思，影響決策判斷的能力。

卡內基對於消除憂慮有他獨到的見解，並曾撰寫專書來討論如何克服憂慮。他在書裡提到他聽過也看過成千上百種克服憂慮的經驗和例子。雖然他曾對自己的人生處境深感憂慮，但最終還是克服了一切阻礙，達到成功人生。針對如何克服憂慮，他提出了幾個廣受認同的技巧。

當憂慮來襲時

分析憂慮
學習卡內基的三項技巧。

收集事實
找出憂慮的原因。

評估事實
評估這些原因對你的影響。

練習排除憂慮的方法

不去擔心不確定的事

為憂慮程度設定停損點

接受不可避免的事實

不要為過去的事情憂慮

別為小事煩惱

保持忙碌

建立信仰

成功克服憂慮

解決問題

尋找解除
憂慮的
方法。

卡 內 基 語 錄

尋求問題的解決之道時，你要多方思考。事情一旦決定後，就別再去煩惱。

分析憂慮的起因

知道問題才能對症下藥。卡內基提出三個非常簡單的步驟，幫助我們分析自己的憂慮：

找出憂慮的原因

「如果連造成憂慮的事實都不清楚，那麼我們怎麼可能理智地解決問題。」卡內基曾舉出前哥倫比亞大學教務長霍克斯（Herbert E. Hawkes）的說法來證明，了解造成憂慮的原因是非常重要的一步。霍克斯幫助過二十多萬個學生解決問題，他認為：「困惑是憂慮的主要原因。半數以上的憂慮是來自人們沒有足夠的資訊就妄下定論。所以說，假如你下禮拜二得面對某個讓你擔心的問題，在此之前，先不要做決定，而是集中精力去收集相關資料，等到時間真的到了，如果你的資料收集夠齊全，通常問題早就迎刃而解。」

當你仔細地檢查造成自己憂慮的原因之後，你會發現其實你所憂慮的事實通常不會太過嚴重。很多時候都是因為沒有認真面對事實，而把憂慮給誇大了。因此，卡內基提出以下兩個有效的方法，幫助我們找出憂慮的原因。

知道憂慮的原因之後，就能夠針對這些原因進行評估，並找出克服之道。

1 客觀、冷靜地收集事實

以客觀且公正的立場檢視自己，甚至在看待問題時，假裝是在看別人的問題，這樣可以避免自己的情緒影響判斷，擾亂心思。

2 收集不利於己的事實

把自己當作是自己的對手，像律師一樣挑出種種不利於己的資訊。如此可以強迫自己去面對一些原本不想面對的問題，找出造成憂慮的真正原因。

評估這些原因對你的影響

　　了解造成憂慮的原因之後，接下來要做的事，就是針對這些原因，一個個加以仔細衡量，評估這些原因會導致各種結果的可能性。

　　在做評估時，卡內基有個重要的提醒，他建議說：「要把收集到的原因一一寫下來，才便於分析評估。」這是個很有用的

竅門。如果不寫下來，而是在腦海中不停地思考，有時反而會增加心理上的負擔，造成更大的壓力。當種種想法在腦海中盤旋時，我們不但無法冷靜分析，反而更容易心煩意亂。把一件件的原因寫下來，就好像把一個個煩惱從腦海中抽離一般，讓我們的心靈有更多的空間可以思考。

卡內基曾經在他的著作中提到一個朋友故事：有位名叫黎奇斐（Galen Litchfield）的美國商人，他在一九四二年日軍占領上海時，擔任某家人壽公司駐上海的經理。他因為漏報一筆交易被日軍查出，所以非常焦慮，擔心自己第二天就會被送進監獄。在他滿心煩惱、努力思考自己應該如何面對這個難題時，他隨手拿筆寫下兩個問題：「一、我在煩惱什麼？二、我可以做些什麼？」

針對第一個問題，他知道自己在擔心隔天會進監獄。而關於第二個問題，他想了四個答案：「一、向日軍解釋，但可能因為語言不通而造成誤會。二、逃跑，但不可能，因為自己被嚴格監視。三、躲在家裡，不進辦公室，但如此更會被懷疑。四、如常上班，或許日軍會忘了這件事，或許到明天他們的氣已經消了，這樣就更方便解釋。」他覺得第四個方案最可行，於是決定採取這個行動，當下他便有如釋重負的感覺。第二天，果然日軍未再提起這件事，而六週後，他被派到別的地方工作，後來更成為某家大公司遠東區的總裁。他認為自己能達到這樣的成就，都要歸功於這種分析憂慮及惱人問題的方式。

分析與處理憂慮的試卷

1 確實寫出
你的憂慮
是什麼：

2 針對你的
憂慮，你
能做些什
麼：

3 你決定要
採取哪些
行動：

4 何時要開
始行動，
訂下明確
時間表：

當你被悲傷、厄運壓得喘不過氣來，讓自己保持忙碌，這是最有效的方法。

尋找解除憂慮的方法，立即採取行動

在行事準則上，許多成功人士常會說他們是：「做最好的準備和最壞的打算。」也有些人會以「最壞不過如此」來安慰自己，鼓起勇氣去做自己想做的事，不要憂慮。

卡內基那位朋友處理憂慮的方法，好處就是它直指問題的核心。許多人在面對問題時憂心忡忡，始終不知如何解決，而那是因為他們沒有看清憂慮的事實。如果我們能一路追根究柢，找到憂慮的源頭，評估各項事實的影響，列出解決、對抗的方式，有效地去執行應用，這樣必能立刻排除憂慮。

心理學家威廉・詹姆斯（William James）也建議猶豫不知所措的人：「一旦你做出決定，就去執行！不要再懷疑。」

排除憂慮的方法

諾貝爾醫學獎得主卡瑞爾（Alexis Carrel）博士曾經說過：「無法處理憂鬱情緒的企業主管，往往容易英年早逝。」這句話套在任何人身上都適用。每個人都不喜歡憂慮、煩惱、鬱悶或焦躁的心情。當我們憂慮時，無論是心理或生理，都會自然而然地想要排除這種感覺。憂慮所引起的身體毛病，已經獲得多數醫學研究的證實。美國前總統羅斯福的財務部長摩根索先生（Henry Morgenthau）就曾經說過憂慮讓他經常感到暈眩，

他在日記中記載著他當時為羅斯福總統的政策感到非常憂心，因為政府為了拉抬小麥價格，每天買進將近四百四十萬蒲式耳的小麥量。他形容自己：「我每天都頭暈，午餐之後得回家躺兩個小時才行。」

當然，我們努力找尋各種克服憂慮的方式，但有時使用的方法不當，不但無法重拾歡笑，反而可能使我們墮入更加憂慮的

深淵。卡內基提出下列七種方法，讓我們能藉著這些行為，有效地排除憂慮。

不去擔心不確定的事

當我們在面對未來時，常會為事情發展的不確定性而煩惱。早上你要出門上班時，可能會開始想搭公車好，還是搭捷運快。搭公車可能會塞車，但搭捷運還要轉車。光是想這些生活瑣事，就可能導致我們的憂慮。

再嚴重一點，老闆今天可能心情不好，客戶可能臨時有事無法簽約，小孩在學校可能出意外，城市可能發生大地震……這種種不確定、有可能會發生的事情，就是憂慮最大的來源。然而，反過來想，保險公司之所以能大發利市，就是因為人們所擔憂的災難鮮少發生。

卡內基以他朋友吉姆‧格蘭的故事來提醒我們。吉姆是一家經銷公司的老闆。有一次他向佛州的一個農莊訂了十五輛貨櫃車的水果，但他老是擔心萬一運送過程中車子出事了怎麼辦？如果不能如期交貨而影響商譽怎麼辦？他憂慮到懷疑自己得了胃潰瘍。他去看了醫生，但醫生檢查他並沒有毛病，只是神經緊張。所以他開始反省：「我訂過多少次的水果？」大約兩萬多車次。「有多少次車禍經驗呢？」大約五次。四千分之一的機率，你懂了嗎？也就是說，他擔心會發生的災難，實際發生的機率只有四千分之一。這樣的機率值得你憂慮到傷了身體嗎？

當然，就算我們凡事有縝密的計畫，成功與否依然有其機率。對於不確定性，我們應該如何處理呢？卡內基的建議是：「查查數據資料，看看你所擔心的這件事會發生的機率究竟有多少？」這句話的意思是，通常你所擔心的事情並不會太常發生。如果這些事發生的可能性不高，那你何必七早八早就為這些不見得會發生的事憂慮呢？

為憂慮程度設定停損點

停損點是商業上的概念，是一種寶貴的交易原則。舉例來說，如果你買進一股十元的股票，而你給它設立一個停損點，好比說七元，也就是說當股價跌落到七元之下，你就主動賣出，不再繼續損失，因為那是你能接受的損失底限。

人們常為一些自己犯過的錯誤或是別人對不起他們的事情感到懊惱煩憂。這些事情有些或許影響至深，有些卻是微不足

道。有些人對不愉快的事情有短暫的憂慮，但更多的人是常懷千歲憂。

　　要怎樣拋開那些令人不愉快的事呢？卡內基的建議是為那些憂慮設立停損點。簡單的講就是：「你可以憂慮，但是先決定自己要憂慮到怎樣的程度，超過之後，就要喊停。」有人失戀後告訴自己，最多哭一個星期，傷心一個月，一個月之後，如果又覺得傷心，就告訴自己該放下，該喊停了。如果沒有設立這樣的停損點，持續憂慮下去，多年之後，回頭一看，可能會發現自己浪費了許多光陰。

　　卡內基在他的書裡提到許多相關的故事，例如美國總統林肯就是一個懂得放下的人。美國內戰時期，政治立場不同的雙方互相懷恨，彼此指責。但是林肯說：「我不太會去恨別人，我不覺得這麼做有什麼好處，誰要花那麼多時間去爭執呢？如果有人攻擊我，我很快就忘了。」林肯懂得放下，沒有花太多時間沉溺在憂慮之中，才能做出歷史的成就。

　　另一位名人就沒有這種肚量。大文豪托爾斯泰和太太原本感情很好，但是善妒的太太做了許多讓托爾斯泰反感的事，包括跟監，甚至以死威脅。托爾斯泰對太太的行為並未包容和溝通，反而採取報復手段，用日記寫下太太的惡行，而太太憤而燒了他的日記。這種惡性循環的手段，讓他們因為對彼此的憂慮而煎熬了五十年。這樣做值得嗎？

接受不可避免的事實

在漫漫的人生路途中，我們一定會遇到許多令人不愉快的事情，這些事情有時是我們無從選擇，甚至無法避免的。當我們遇到這樣不幸的事情時，如果不加以調適，而是持續沉浸其中，人生將無法回到正常的軌道，更遑論想要開創成功的契機。卡內基認為人們到了必要時刻，絕對有能力度過災難與悲劇，我們的內心往往比自己所想的更為堅強，可以有足夠的力量支持我們越過難關。他舉了一個自己幼年時期的慘劇為例：有一次他在爬樹時不小心摔了下來，他的戒指勾住了樹枝，往下掉的力量扯斷了他的手指。因為當時的醫學技術不夠發達，他從此失去了左手食指。當時他非常害怕擔憂，但經過時間調

接受現實（積極）

接受現實之前，認清是否有挽救的機會→有一絲機會，就要努力不懈→情勢已不可挽回，就不再做困獸之鬥。

≠

宿命論（消極）

人生的行為境遇，皆依預定的命運發生→任何環境與問題皆非人力所能變更→被動接受，消極承受。

適，長大後他幾乎忘了自己的左手只有四根手指。

卡內基說：「外在的環境無法決定我們是否快樂，而是我們對事情的態度決定了我們的心情。」中國人說的「逆來順受」，乍聽之下似乎是一種宿命論。但是如果所要面對的是無可改變的事實，我們只能自我調適，無謂的抗拒反而會毀了自己的人生。美國小說家塔金頓（Booth Tarkington）面對失明時，以積極的態度接受十多次的手術治療，他甚至選擇住在大眾病房裡和其他更多的病人相處。他認為自己即使失去了眼睛，仍能用他的內心來觀照世界。他的態度使他的人生比別人更加豐富。

卡內基訪問過許多成功的企業人士，請他們提供有關這一方面的建言。美國 JC Penny 百貨公司的創始人潘尼（J.C. Penny）說道：「就算我失敗到傾家蕩產的地步，我也不會為此煩惱，因為煩惱不能解決問題，凡事盡心盡力，其他交給上帝。」汽車大王福特（Henry Ford）也說：「只要是我無法解決的事，我就把它放在那裡，讓它自行解決。」而克萊斯勒汽車的總裁凱勒（K. T. Keller）排除憂慮的法則是：「面對難題時，我盡力去做，無法處理的，就拋之腦後。我從不為未來操心，因為沒有人能預知未來，既然無法預知未來，又何必為它操心？」

這些精明的企業家，如果沒有這種面對現實的態度，只怕早被壓力擊垮了。心理學家威廉‧詹姆斯博士更提醒我們：「心甘情願地接受吧，接受事實是克服不幸的第一步。」

不要為過去的事情憂慮

卡內基在提到這個觀點時，眼前正望著一億八千年前的恐龍化石。他認為，人們都知道無法改變一億八千年前恐龍滅絕的事實，而即使是三分鐘前發生的事，人們依然無法做任何改變。就為了無法改變的過去之事，心中充滿懊惱、悔恨與憂慮，甚至影響了日常生活，實在非常不值得。

卡內基認為要讓過去的事情轉化成具有建設性的意義，就是理性地分析過去的錯誤，從中得到教訓，然後忘了這件事。在這裡有三個步驟：第一是理性地分析過去的錯誤，第二要能得到教訓，第三也是最不容易做到的，就是忘了這件事。常言道：「提得起，放得下。」放下往往是最困難的事，但如果我們無法放下，不斷為過去的事情憂慮，又怎能海闊天空地面對未來呢？

卡內基曾舉他和拳王鄧普西（Jack Dempsey）的對話為例。鄧普西向他述說自己如何失去重量級拳王寶座的事。「我突然

◻如何忘掉過往的煩憂

理性地分析過去的錯誤

學得教訓

忘了它

覺得自己老了。到第十回合時，我就只是撐著。我的臉被打得紅腫，眼睛都快張不開了……我看到對手贏得勝利，我已經不再是世界拳王了……一年後，我再度與他交手，但我已經過氣，無力挽回。當然會難過，但我告訴自己，『我可不打算餘生都在為這件事憂心，我不會被它擊倒。』」後來他成為紐約成功的生意人。「我過得比當拳王時充實。」他說道。

　　莎士比亞也曾經說道：「智慧的人不會為失去的事物憂傷，他會積極地想辦法減輕傷害。」讓我們學會接受過去的失敗與挫折，得到教訓，但不要為它煩憂，可以的話，就忘了它吧！

別為小事煩惱

　　仔細想想，目前你心裡所煩憂的事，有多少是生死攸關的大事？又有多少其實只是微不足道的小事。為這些瑣碎的事煩惱，具有強大的殺傷力，足以破壞我們的人生。最明顯的例子就是婚姻。夫妻的齟齬常常因小事而起，而一件、兩件小事漸漸地就會累積成大事，最嚴重的甚至導致婚姻的失敗。

　　卡內基和他太太有次到朋友家吃晚餐。他朋友在切肉時有個步驟弄錯了，但其實並未引起大家注意。但這位朋友的太太卻立刻叫道：「看看你怎麼做的，你永遠都學不會嗎？」她接著又開始向大家抱怨說：「他總是做錯，就是沒辦法做對什麼事。」結果大家是因為這位太太的抱怨而掃了興致，並不是因為誰做錯了什麼。

　　想要不被小事叨擾，卡內基的建議是換個角度看事情。他的一位作家朋友曾為公寓暖氣管的噪音所苦，有一天他去露營，突然發現木頭燃燒的聲音和他公寓裡暖氣管的噪音十分類似。當他在露營時，因為心境不同，便不覺得木頭的燃燒聲是噪音。他發現，只要自己轉個心情，同樣的事物，看來或聽來就變得大不同。我們也可以這樣，只要換個角度看，平時會惹我們心煩的事物，就可以輕易地除去大半。人生不過數十寒暑，為了小事煩惱，真是太不值得了。

夫妻關係更和睦，減少口角	轉移負面焦點，讓想法更樂觀

拋開惱人的瑣事

平息無謂抱怨，相處更自在	換個角度看事情，保持心情愉快

給孤單灰心的人幾句真誠的讚賞，就可以讓這個世界更快樂。

保持忙碌

　　卡內基認為讓自己保持忙碌，忙到沒有時間去憂慮，是免去煩憂的最佳法門。他以一位連續兩次失去孩子的父親為例，當時他為痛失愛女而悲傷不已，幾乎無法工作。但是有一天，他四歲的兒子要求他幫他做一艘模型船，這位父親花了好幾個小時完成了這個工作，他發現自己專心在製作模型船時，居然能暫時忘去憂愁。於是，他開始為自己安排一些工作，修修家裡的東西，晚上去上課，參加社區活動等等，藉由忙碌來治療自己的哀傷，果然一段時間之後，他可以重新投入正常的工作與生活。英國首相邱吉爾在二次世界大戰時，也曾說過一句名言：「我太忙了，哪有時間煩惱。」當時他身負重任，有人問他是否為繁重的工作而煩惱，他給了上述的回答。

　　卡內基認為如果我們不能保持忙碌，憂慮會像個小妖精似的，摧毀我們的行動力與意志力。所以，倘若你感覺到憂慮與煩惱，那麼就替自己找些事來做吧！即使是毫無建設性地玩個拼圖、織條圍巾，也能幫你從憂慮的情緒中釋放出來。等到心平氣和之際，再去面對問題，分析憂慮的來源並加以解決，就可以避免自己陷入無謂的焦慮。

建立信仰

　　卡內基曾經描述小時候家裡生活的困苦。他的父母每天辛苦工作十六個小時，但還是負債累累。他們曾眼睜睜地看著河水

工作療法理論

卡內基所提倡的透過保持忙碌來忘卻憂慮，在心理學上也有類似的主張，稱為「工作療法」：此療法在二次大戰時期被廣泛應用，當時僥倖逃過傷亡的軍人或病患，在精神和心靈上均受到重創，每天活在恐懼憂慮之中，因此心理醫生給他們開的處方就是保持忙碌，將工作當作如藥物一般的治療。

由於人腦無法同時處理兩件事，因此將心思專注在工作上，就會讓人忘卻原本的擔慮。

別插手孩子可以獨力完成的事，那是他追求成功的特權和快樂。

氾濫淹沒自家的玉米田，一切收成全都泡湯，所飼養的豬隻也死於霍亂。他的父親曾經買了幾匹騾來飼養，餵養了三年後賣出，但賣價卻不及所花成本。總總的不順遂，使他們最後不得不將農場抵押給銀行。他父親也因此垮了，陷入憂慮且日漸消瘦，醫生更說他活不過半年。有天，他父親從銀行回來，站在橋上，掙扎著是否要往下跳。幾年後，他父親告訴卡內基說，他沒有往下跳的唯一理由是：堅定的信仰。他父母堅信，只要敬愛上帝，遵守誡律，一切自然會順利。而他們是對的，他父親後來又多活了四十幾年快樂歲月，一切苦盡甘來。在那段不幸的日子中，他們將心中的憂慮透過禱告交給上帝。

　　心理學家威廉·詹姆斯也曾經說過：「最能治療憂鬱的就是宗教信仰。」不同的信仰有不同的儀式，可以幫你分憂解勞。相信一個形而上、有巨大力量的主宰，其實可以幫助你以一個更宏觀的角度來面對事物，甚至有助於你超越目前的瓶頸。

　　卡內基以祈禱為例做了些分析，他認為祈禱可以滿足三種心理需求。

　　第一，祈禱可以幫助我們有條理地把煩惱說出來。就好像把自己的問題一五一十地寫在紙上一樣。在未禱告之前，我們的思緒或許一片混亂，但透過禱告，我們自然而然地重新整理了自己的問題。要向上帝尋求答案，總要把問題說清楚，在自我整理的過程中，或許不知不覺便找到了答案。

　　第二，祈禱讓我們有一種有人會幫我們分擔痛苦的感覺，

信仰禱告的力量

整理思緒

向上帝尋求答案，總要把問題說清楚，在自我整理的過程中，不知不覺便找到答案。

分擔痛苦

如果有個力量在我們身邊支持著，分擔我們的憂愁，當然可以減輕內心的焦慮感。

清明無慮的心

轉化行動

當我們向上天求助的時候，表示我們正認真地面對自己的困難，想辦法要克服它們。

卡內基語錄

先從困難的事開始做起，簡單的事自然會迎刃而解。

讓我們不再覺得孤立無援。沒有人可以堅強到獨自一人面對所有的困境，我們都需要支持，但是某些困難卻是難以向別人啟齒，甚至尋求協助。這時如果有個力量在我們的身邊，分擔我們的憂愁，當然可以減輕內心的焦慮感。

第三，祈禱是一種行動模式。當我們願意向上天求助的時候，表示我們正認真地面對自己的困難與憂慮，我們正在想辦法要克服困難，除去憂慮。在禱告之後，通常我們會更願意對所面臨的問題採取行動。卡內基認為禱告的力量即在此，它會促使我們採取行動。

如果你想要享受生活，如果你希望活得健康又長命百歲，那麼你就要學會這七種克服憂慮的辦法。再次引用卡瑞爾博士的話：「在現代緊張忙碌的都市生活中，能夠保持內心平靜之人，才能免於精神崩潰之苦。」

甩開憂慮的口訣	執行方式
不確定的事物 out	查查紀錄，看看你所擔心的那件事會發生的機率究竟有多高？
設立停損點	你可以憂慮，但是先決定要憂慮到怎樣的程度，超過之後就要喊停。
接受事實	接受事實是克服憂慮和不幸的第一步。盡力去做，無法處理的就拋之腦後。
不要沉溺過去	學會接受過去的失敗與挫折，得到教訓，可以的話，就忘了它吧！
別為小事煩惱	換個角度看待，平時會惹我們心煩的事物，就可以輕易地除去大半。
保持忙碌	保持忙碌，專注於工作，能幫你從憂慮的情緒中釋放出來。
建立信仰	最能治療憂鬱的就是宗教信仰。不同的信仰有不同的儀式，可以幫你分憂解勞。

卡內基語錄

熱忱是人的動力。缺乏熱忱，擁有再強的能力也無從發揮。

第四篇
發展個人健康心理（三）
克服倦怠感

- 倦怠感從何而來
- 如何避免倦怠

　　還有一種發自內心的情緒，會影響到我們的表現與行為，那就是倦怠感。倦怠感使我們失去向上的動力，使我們無法勇敢地面對挑戰，甚至退縮不前。

倦怠感從何而來

　　要克服倦怠感，首先要了解倦怠感從何而來。卡內基曾在書中提到令人驚訝的研究發現：智力活動並不會讓人感到疲倦。曾有科學家想要以實驗找出，人的腦袋要工作多久才會超過負荷，才會覺得疲倦。但他們發現，長時間從事腦力活動，人的血液中並不會出現更多的疲勞毒素。而在從事一成不變的勞力工作者身上，疲勞毒素則會增加。如果頭腦不會倦怠，那麼是什麼使人感到疲倦無力的呢？

　　英國知名的心理學家海菲德在他的著作《力量的心理學》（The Psychology of Power）一書中提出：「倦怠感絕大部分是來自於心理，純粹因生理因素而造成的倦怠感並不多。」心理學家布里爾（A. A. Brill）也說過：「健康的工作者之所以感到疲倦，百分之百是因為心理的因素，也就是情緒性的原因。」

　　是什麼樣的情緒使人感到疲倦呢？卡內基認為是無聊、厭煩、不受重視以及焦慮的感覺。這些情緒使人感到疲倦，降低人體免疫力，感冒、偏頭痛就容易上身，影響了工作生產力。

無聊

工作重複性高，少創意。

疲勞倦怠 →

疲倦

出現情緒倦怠。

厭煩

做自己不喜歡做的事。

疲勞倦怠 →

想逃避

產生抗拒的心理。

不被重視

所付出的努力得不到肯定。

疲勞倦怠 →

無力感

消極地不願意再多做付出。

焦慮

擔心未來即將發生的事。

疲勞倦怠 →

身體疾病

過度焦慮會讓身體出毛病。

卡 內 基 語 錄

疲倦常常不是來自工作，而是來自憂慮、挫折和憤怒。

無聊與厭煩導致倦怠感

想必你也有以下這種經驗。下班回家後一臉倦容，頭痛背也痛，累得沒力。但好友一通電話打來，邀你去唱歌，你馬上眼睛發亮，換了衣服就出門，凌晨兩點回到家一點也不累。幾小時前的疲倦是真的嗎？當然是真的，但那是因為你對工作感到無聊甚至厭煩所產生的情緒性倦怠。轉移注意力後，馬上又生龍活虎。

卡內基提過巴麥克博士（Joseph E. Barmack）做的一項實驗，證明厭倦的確會產生疲勞。巴麥克讓一組學生接受一連串無聊的測試。結果這些學生個個覺得又睏又累，頭痛、眼痛還想發火，甚至有些人連胃都開始絞痛。他們接受了血壓測試，證實人因為重複無趣的工作而覺得疲倦時，血壓會下降，確實是心理與生理相關。

不被重視所產生的無力感

如果你完成的某項工作計畫沒人賞識，即使你當天並沒有加班或特別勞累，但下班回家後你一定會覺得疲倦無力。但若你的計畫獲得上司提拔，並要你在一天內完成十倍工作量，當你超時趕工完成後，卻是神清氣爽地下班。原因無他，只因為你得到重視。再以家庭主婦為例，她們的抱怨大多是說得不到家人的感恩與重視，一旦獲得重視，所有的這些抱怨與倦怠都將煙消雲散。

避免倦怠感的五大妙方

1. 提醒自己放鬆

2. 解決失眠問題

3. 讓工作變得有意義

4. 建立良好的工作習慣

5. 培養毅力 → 成為充滿活力和希望的人

卡內基語錄

一旦你能夠接受最壞的狀況，你就再也沒有什麼可以損失了。

如何避免倦怠

提醒自己放鬆

　　卡內基提到有位喬瑟林（Daniel W. Josselyn）醫生的調查發現：「人們認為認真工作必須有一種很拚命的感覺，否則無法成事。」這種錯誤的觀念使得我們在工作的時候，會皺眉、弓起肩膀、肌肉緊張，而這些姿勢對思考是沒有多大幫助的，只會使我們在工作之際，感到疲勞與倦怠。

　　卡內基強調，當你感到疲累時，首先要做的是放鬆肌肉。他建議我們冥想，告訴自己說：「放鬆眼睛，不要皺眉，放鬆，再放鬆。」用這種方式練習放鬆肌肉。試試看，你很快就可以放鬆眼部的肌肉。再把同樣的方法運用到下巴、臉部、肩頸、腰背、甚至全身，達到全身放鬆的目的。

　　放鬆運動是可以練習的。卡內基提出四項技巧來幫助人們練習放鬆。

1 無時無刻都要放輕鬆

在辦公桌前放一樣可以提醒自己放鬆的東西，例如一條柔軟的毛巾或玩偶，當你工作中看到它時，就可以提醒自己做適當的放鬆運動。

2 以舒適的姿態工作

調整你的坐姿與衣物，讓身體處在最舒服的姿勢，不要彎腰駝背，讓自己在工作時沒有障礙，工作自然會更加順暢。

3 更加了解自己

每天都問自己：「我有沒有壓抑自己？在工作上，我有沒有不當地運用肌肉？」有更多的自覺，就能幫助你建立良好的習慣。

4 反省自己

每天晚上都要檢視自己的疲勞程度及其原因，是否因為做事的方法不恰當，而導致過度疲勞。如果每個人都能養成自我檢討的習慣，必能減少過勞的症狀。

卡內基語錄

如果你睡不著，起來做點事吧。最糟糕的是煩惱，而不是缺乏睡眠。

解決失眠問題

睡眠不足會使我們的身心疲累。缺乏睡眠會使注意力無法集中，使我們吸收資訊和決策判斷的能力下降，影響工作效率及品質，最後形成壓力。

對於失眠，卡內基認為根本不應該為失眠這件事操心，有時操心失眠比失眠這個問題更加使我們困擾。他曾舉了一個例子：有個叫麥爾的年輕人，大學時最令他擔心的事就是氣喘和失眠。但既然他找不到方法改善，他決定善加利用睡不著的時間。他想與其躺在床上翻來覆去，不如起床唸書，結果他的學業表現愈來愈好，以優等的成績畢業。後來他成為執業律師，但還是有失眠的問題，不過他從來都不擔心。他雖然睡得少，但一直很健康，每天也比別人多做了許多事。這位一輩子沒好好睡飽的人，還是活了八十一年。如果他一直擔心失眠的問題，他的人生可能就不會如此順利成功了。

卡內基對失眠的看法，在多年後的今天看起來，或許有些粗糙。現代有更多心理學家及醫生對失眠做了許多研究，也有更多的結論，解決失眠的方法也更多樣。但如果你的失眠問題並不嚴重，只是偶爾失眠或剛好因為焦慮、壓力或某些特殊原因引起一段時間的失眠，那麼你可以試試卡內基的方法，或許簡單又有效。

睡眠就像某種能力或某種特徵，有的人睡得比較多，有的人睡得比較少。指揮大師托斯卡尼尼（Arturo Toscanini）每天

只需要五小時的睡眠時間，美國前總統凱文‧柯立芝（Calvin Coolidge）卻得睡上十個小時才足夠。我們沒辦法說誰的方式比較好、比較對，重點是他們都擁有健康的態度與人生。

　　針對失眠，卡內基提出自己的一套見解與解決方式，他強調想要好眠的第一步就是要有安全感，包含環境與心理的安全感。他更提出四個具體又簡單的方法來幫助失眠者做簡單的自我調整與改善。

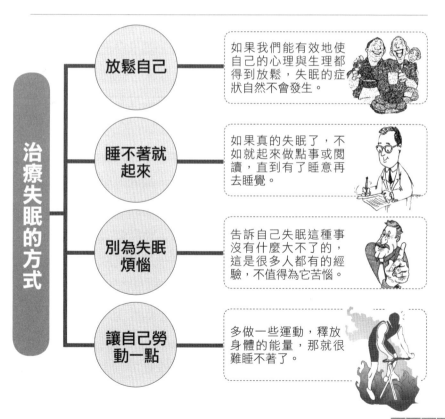

治療失眠的方式

放鬆自己
如果我們能有效地使自己的心理與生理都得到放鬆，失眠的症狀自然不會發生。

睡不著就起來
如果真的失眠了，不如就起來做點事或閱讀，直到有了睡意再去睡覺。

別為失眠煩惱
告訴自己失眠這種事沒有什麼大不了的，這是很多人都有的經驗，不值得為它苦惱。

讓自己勞動一點
多做一些運動，釋放身體的能量，那就很難睡不著了。

讓工作變得有意義

厭煩感是造成倦怠的主要成因之一。有些人是上班一條蟲，在職場上一副無精打采的模樣，但是下了班就一條龍，真正從事自己有興趣的事，立刻就變得生龍活虎，和上班時的情況相比，簡直就是判若兩人。這就是因為對工作的內容感到厭煩所產生的倦怠。如果能把工作變得有趣，做起來趣味盎然，就不會有工作倦怠的現象產生。

卡內基以他的妻子為例。她原本是個打字員，工作枯燥無味，但是她給自己訂了一個自我激勵的辦法，就是把自己每天打字的字數做個統計，並訂下一個目標，要求自己下午完成的數量要高過早上，今天打的數量要多過昨天。她用這種和自己競爭的方法，來排除工作上的無聊。或許她沒有因此得到加薪或升職，但至少她使自己不會因工作的無趣而陷入倦怠。

要讓自己的工作變得有趣，有時需要一些方法。「表現出」對工作很有興趣的樣子，也是方法之一。每天上班之前告訴自己，工作是有趣且有意義的；你可能需要認真研究一下自己的工作到底有哪些地方是有趣又有意義的，有時候這樣的思考會使你得到意想不到的結果。卡內基舉了一個研究冰淇淋的學生為例，他原本在打工賣冰淇淋，因為想讓無聊的工作變得有趣，他決定研究冰淇淋的化學成分，沒想到他因此在高中化學課表現優異，後來進入大學主修食品技術，又得到獎學金，最後還建立自己的實驗室，可以代替別人檢驗食品中的細菌。卡

內基認為這位學生就是因為想讓工作變得有趣，而使自己比別人得到更多的機會。

你的工作無趣沉悶嗎？想個法子讓它變得有趣吧！你可以換個角度來研究自己的工作，嘗試以不同的方法完成工作，或是自己和自己競爭。不論你用什麼方法，不管你最後得到什麼結果，至少你都可以更加享受工作的樂趣，讓你的倦怠感消失，不再疲勞。

憂慮 vs. 恐懼 vs. 倦怠

憂慮感

產生原因：
因為未知、不確定、不了解所產生的內心不安。

處理方式：
- 不去擔心不確定的事
- 設立停損點
- 別為小事煩惱
- 保持忙碌
- 建立信仰

恐懼感

產生原因：
對不熟悉的事物產生的害怕。

處理方式：
- 集中注意力
- 表現出快樂的樣子
- 勇於冒險
- 保持忙碌

倦怠感

產生原因：
因為無聊、厭煩和不被重視所產生的心理感覺。

處理方式：
- 放鬆自己　●樂於工作
- 避免失眠　●培養毅力

把握機會的人，十之八九會成功；創造機會的人，一定不會失敗。

建立良好的工作習慣

卡內基認為良好的工作習慣可以預防工作上的疲勞，也可以幫助提升工作效率，一旦工作效率提升了，自然可以減少因工作帶來的疲累。卡內基提出了一些具體的方法可以幫助我們增加工作效率。

在辦公桌上，除了正在處理的事項之外，不要放其他的文件。辦公桌上的文件如果過多，會使人覺得自己有一大堆待處理的事，沒完沒了，時間永遠不夠用，因而引發焦慮感，導致心血管疾病或胃潰瘍等等。把用不著的文件及雜物收好，該辦的事項在第一時間完成，如此就不會在辦公桌上形成混亂的感覺，工作自然更得心應手。

把該做的事情分類，由重要的事項做起。這是一項時間管理的技巧，也是一種思考判斷力的展現，而這兩項能力，經過訓練及有效運用，都能幫助個人邁向成功之路。卡內基說，要永遠按著事情的輕重緩急來辦幾乎是做不到的，但是如果行事有計畫，成功的機率就會大增。每天在工作之前，先把當天要做的事一一列出來，再按輕重決定工作的次序，逐一完成。偉大的作家蕭伯納（George Bernard Shaw）就用這樣的紀律要求自己，於是在銀行的工作之餘，完成了永垂不朽的創作。

遇到問題時，盡可能在當下做出決策，不要拖延。卡內基以美國鋼鐵公司董事長賀威爾（H. P. Howell）為例，賀威爾將公司的會議型態改成一次只談一個問題並加以解決之後，再也

沒有議而未決的現象發生。這大大改善了公司的營運效率。想想自己,是否也常因為無法當下做決定,而使待辦事項愈積愈多,給自己增加了更多的壓力?如果你有這種情形,當下加以改進吧。

在工作上也要學會運用組織、授權及領導。很多人只會單打獨鬥,不懂得團體的力量,事必躬親,結果是勞苦但未必功高。整天為瑣事而忙,使人增加焦慮感,工作沒有效率,更讓人感到倦怠。雖然學著授權可能是件很困難的事,甚至因授權錯誤反使工作增加困難,但為了減輕工作負擔,讓自己能承擔

更高品質的任務，唯有學會授權一事才能真正的解脫。

培養毅力

在你克服了內心的恐懼，可以真實地面對自己之後，你便可以了解內心的憂慮從何而來以及如何排除，讓你在面對任何挫折或失敗時，都可以坦然地接受，有效地解決問題。然後，你可以用一些具體可行的工作方法，使自己對工作產生熱情，避免倦怠，提高工作效率，朝成功邁進。

最後，在自我的發展方面，你需要做一件非常重要的事，就是培養毅力。有句話說得好：「羅馬不是一天造成的。」做任何事如果沒有足夠的毅力去完成，總是半途而廢，是絕對無法成功的。卡內基說：「不要被挫折打敗，一定要堅持下去，千萬不要放棄。成功者都有這樣的信念。挫折是難免的，要能克服挫折。如果能做到這一點，成功絕對屬於你。」

培養毅力的過程，就是對自己的承諾負起責任的過程。當你為自己設定目標，就好比許下諾言一般，豈可隨便毀約。或許你對自己的諾言失約了並不會影響到別人，卻會使自己習於半途而廢，甚至對自己喪失了信心。培養毅力可以從小的許諾開始，例如告訴自己一星期內要去運動三天，做到之後，再許下更長久的諾言。如此一步步地自我訓練，培養成就感，日積月累之後，就能建立起完成設定目標的習慣，成為一個有毅力的人。

培養毅力的五個階段

保持毅力
累積經驗，將堅持到底的能力變成自己個性的一部分。

實際執行
對自己保持信心，在達成目標的過程中不可半途而廢。

設定目標
對自己許下承諾，並對承諾負起責任。

建立信念
告訴自己堅持到底的毅力是非常重要的，走完全程的人才有可能獲勝。

克服內心的憂慮與不安
真實面對自己，了解自己為何感到倦怠與無力。

人性中最悲慘的一件事就是，我們總是學不會好好把握現在。

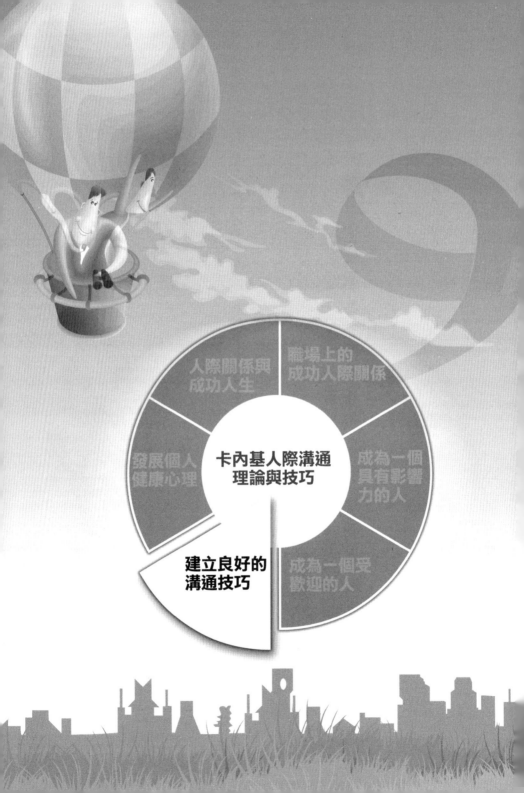

第五篇
建立良好的溝通技巧（一）
說話技巧

- ●聲音的魅力
- ●肢體的應用
- ●對話技巧

　　卡內基相當強調表達的重要性，他所建立的卡內基訓練，很大一部分就是在培養說話技巧以改善人際關係。一個人如果缺乏成熟的說話技巧，可能會導致人緣不佳、生意挫敗，甚至影響家庭和樂。個人的談吐決定了別人如何看待你，以及是否願意與你合作，也就是說，好的表達與溝通方式是成功不可或缺之道。

　　說話表達的能力可以是你最大的財富，也可能是你最重的負擔。你說話的方式就代表了你的個性和地位。就像人的外表需要穿衣術與化妝一般，說話技巧也需要加以妝點和修飾。如果你認為自己的談吐有待加強，善加應用卡內基所提到的這些技巧，絕對能為你的口條表現加分。

聲音的魅力

當你見到一位穿著打扮入時的人，但一開口聲音卻如烏鴉般粗啞，甚至還不停抱怨，想必你對他的印象一定會大打折扣。知名作家班納特（Arnold Bennett）說道：「生活中大部分的衝突與不愉快，都是因為談吐的不良習慣所引起。」即使你是學識淵博的人，即使你在專業上的能力足夠讓人信服，但缺少好的談吐，你就無法吸引別人的注意，成功的機會也會少很多。

就說話這件事來看，怎麼說絕對和要說什麼一樣重要，甚至更加重要。而你要具備的第一個條件，就是好的聲音。怎麼讓聲音為談吐加分呢？以下的重點要勤加練習：

■有魅力的聲音

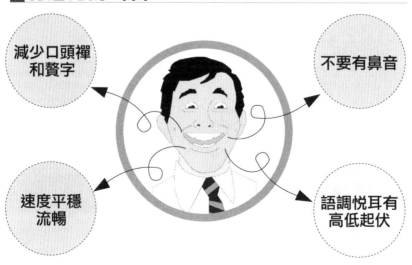

減少口頭禪和贅字

不要有鼻音

速度平穩流暢

語調悅耳有高低起伏

在開始進行練習前，先做以下這份問卷，看看自己到底有哪些問題需要改進：

☐ 自　　我　　檢　　測　　表

☐ 我說話時帶有鼻音？

☐ 我的聲音太過尖銳？

☐ 我描述事情時總是語調平淡？

☐ 我無法清楚表達我的想法？

☐ 我說話太過急躁，讓人聽不懂？

☐ 我說話時常出現口頭禪？

☐ 我說話時動作太過誇張？

☐ 我說話時不習慣看著對方的眼睛？

☐ 我總是沒耐性地打斷別人的話？

☐ 我不知道如何先開口說話？

如果你有上述這些問題，請在本篇中尋找解決之道。

說話不要帶有鼻音

說話帶有鼻音是很常見的談吐缺點。當你用鼻音說話時，很容易讓人產生你不夠成熟、不真誠、消極的感覺。而通常人會使用鼻音是因為嘴巴張得不夠大，聲音只好從鼻子發出來，這在某種程度上也是不夠自信的表現。

要改善鼻音的狀況，請用手指輕輕夾著鼻翼兩側，如果在說不該有鼻音的字句時，仍感到鼻子的振動，那就是帶了鼻音。只要稍加注意，便能逐漸調整。

此外，錄音是練習說話音調時很好的工具。當你在練習說話時，請先準備好錄音工具，把你說的話錄下來，反覆檢視你就能夠發現自己說話的缺點在哪裡。也許是發音不夠標準，捲舌與否不夠清楚，或者是太常使用鼻音，知道問題在哪裡就能對症下藥。

還有一項練習也很有用，就是對著鏡子說話，看看自己的嘴巴有沒有張開，看看自己的嘴型正不正確，這也是消除鼻音的好方法。

避免說話聲音太過尖銳

當你聽到一個女人尖聲叫著丈夫的名字，你應該會覺得她生氣了吧！當你聽到媽媽尖聲叫著孩子回家，你會覺得她在罵人！聲音過於尖銳通常會讓人覺得不好受，提高說話音調暗示你受了刺激，可能處在情緒不穩的狀態。所以在與人溝通之

際，務必要避免音量過於尖銳，說話時最好還是把音調放低。

　　雖然卡內基建議你壓低音調，但千萬不要說得氣若游絲，彷彿喃喃自語。說話一定要清晰，讓對方能輕易地聽見你在講些什麼。此外，也不要把話說在口裡，只有自己聽得見。要把話說清楚，就要好好地運用你的脣舌，該張開嘴的時候就徹底地張開，你會發現你的發音清楚了許多。

　　同樣的，錄音和對著鏡子練習也可以改善音調尖銳的問題。當你發現鏡子中的自己講話時下巴些微上揚，頸部的血管清楚可見，表示你太過用力在說話了。

說話要順暢有高低起伏

　　說話和唱歌一樣，都要注意呼吸。如果你說話時很容易覺得累，喉嚨不舒服，就表示你說話時的呼吸方法不對。用鼻子吸氣，調整你說話的速度，在適當的時候換氣，會使你的喉嚨負擔減輕，也會使你的語言更流暢。

　　還有，在說一段較長的句子時，要注意音階的變化。平淡沒有起伏的音調，很難吸引對方的聆聽。要避免聲音單調，卡內基建議我們可以用讀報紙來進行訓練。當你大聲讀報時，聽聽自己的聲音，練習變化你的音調，改變速度，根據你的感覺加強抑揚頓挫。讓話語充滿了活力、生命、趣味和旋律。

　　說話的速度也很重要。說得太快會讓人聽不懂你在說些什麼，說得太慢又會使人覺得沉悶無聊。最適當的說話速度是每

分鐘一百二十字到一百六十字之間。說話的速度會因為情感與思想的變化而有所不同，因此我們可以改變說話的速度來增強內容的效果，例如要表現哀傷時就放慢說話速度；而當人們受到鼓舞而感到興奮時，說話忍不住就會快了起來。我們可以利用這種方法，來影響聆聽者的情感。

避免口頭禪和贅字

有些人說話時會不自覺地重複某個特定的詞彙，我們最常聽見人們不斷地重複說道：「你知道嗎？」也有些人在說話時常問人家：「你懂我意思嗎？」這些問句常常都是無意義的，但有時卻會讓聽者覺得很干擾，甚至帶有挑釁的意味。

而最普遍的口頭禪或贅字莫過於「那」、「然後」之類。如果你仔細聽聽現在年輕人講話，很多人都會在句子和句子中加了多餘的「那」或「然後」。也許大家聽多了不以為意，但是如果在正式的場合發表意見時，這種贅字會降低意見的專業性和說話人的形象。所以提醒你，千萬要改掉說話帶有口頭禪或贅字的毛病。

要改善口頭禪或贅字的使用，可以請朋友幫忙提醒你，因為習慣常常是在不自覺中養成，多加提醒就會有所改善。另外也可以多練習說故事，練習說長篇的話，練習如何在句子與句子的銜接中保持順暢。

對付鼻音的工具

錄音矯正、對著鏡子
練習說話

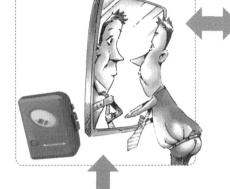

改善尖銳音調

錄音矯正、對著鏡子
練習說話

練習音調起伏

調整呼吸、朗讀報紙

避免口頭禪和贅字

找朋友提醒、練習
說故事

卡 內 基 語 錄

當你幫助別人時，羞怯就會如朝露蒸發在陽光下一樣消失不見。

肢體的應用

避免太多無意識的動作

　　常會見到有些人說話時比手畫腳的，讓人很難注意聽他到底在說些什麼。如果是說到激動處，偶爾加點肢體動作倒無妨，甚至還有加強的效果。但如果是無意識地擠眉弄眼、抖手抖腳、點頭、玩筆、聳肩、咬嘴脣，那可是非常不雅，反而使說話時的姿態顯得可笑，甚至會影響對方對你的評價。

　　卡內基舉了一個實際的案例。有個經營房地產公司的老闆向卡內基抱怨說，他很擔心他底下一名叫傑克斯的優秀員工。傑克斯工作認真、聰明，唯一缺點就是他很容易激怒客戶。為什麼呢？是因為說話方式、外表穿著嗎？老闆也搞不清楚，就把傑克斯帶來見卡內基。卡內基一看便知道問題出在哪裡，原來在他的右手。傑克斯習慣在說話時不停地揮動他的右手，上、下、左、右，讓人眼花撩亂，心浮氣躁。因此在訓練過程中，卡內基在傑克斯右手腕上綁著一支紅色的弓，然後告訴他說，每當你舉起右手，你就會看到紅色的弓像是要射向對方一樣。如此反覆練習，傑克斯終於能控制自己的右手動作，不再老是亂擺動，影響聽話者的感覺。

　　針對無意識的小動作，卡內基提供的改進方法就是，在說話時找個人看著你，一旦有不好的動作出現就趕快提醒。如此多練習幾次，你就能慢慢改掉這些習慣。

有魅力的肢體動作

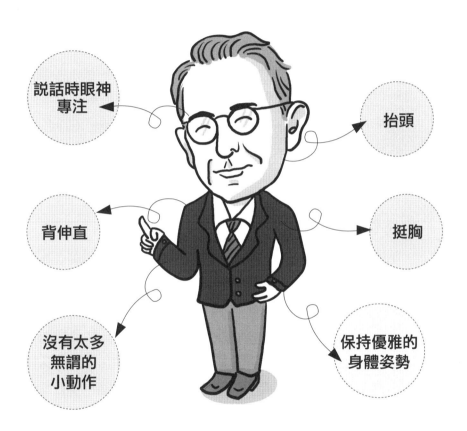

說話時眼神專注

抬頭

背伸直

挺胸

沒有太多無謂的小動作

保持優雅的身體姿勢

眼神接觸

握手是展現友好的一種肢體動作，而「眼睛的握手」更是另一種重要的接觸，它能有效地幫助你建立起良好的人際關係與信任感。

你的眼睛不僅可以傳達你想表達的訊息，更能觀察別人對你的話語的反應。如果你在說話的時候不看著你的聽眾，怎麼知道他們對你的話是否感興趣，或是你說的話是否得體。

同樣的，如果你在說話時東張西望，對方怎麼會相信你所說的話是真心誠意。所以，當你和別人說話時，一定要尊重地注視著對方，讓對方有獲得重視與了解的感受。

保持優雅的身體姿勢

你是不是正彎腰駝背坐在椅子上打電腦？或者你是躺在床上看書呢？不當的姿勢很容易讓人覺得不舒服，有時更是反映出一個人內心的不安。

當你害怕緊張時，常常會縮著肩、低著頭；當你自信滿滿時，反映在肢體動作上就是抬頭挺胸、眼光有神。因此，保持優雅的身體姿勢，別人相對的也會覺得你是個充滿自信且值得信任的人。

正確的姿勢會使人變得更年輕、更有自信。關於優雅的身體姿態，有些自古以來都有效的簡單原則：

優雅的身體姿勢

基本動作

- 抬頭挺胸，縮小腹
- 維持平穩順暢的呼吸

如果你是站著

- 將身體的重量平均地分配到雙腳上
- 雙肩自然平垂

如果你是坐著

- 雙腳平正地放在地面上，呈兩個 L 型
- 將背脊下半部靠在椅背上，挺直上半身

對話技巧

　　對話是溝通的基本動作，要做有效的溝通，讓對方對你留下良好的印象，好的對話技巧是必備的條件。你可能常會覺得自己不知道怎麼跟別人聊天，總是以「我不會說話」來掩飾自己的口拙，甚至認為自己天生不擅與人交際。事實上，只要練習以下幾個簡單的方法，你也能成為談話高手。

以微笑開場

　　微笑是全世界共通的語言，即使你只是隨口說道：「今天天氣真好。」但若你面帶笑容，想必可以得到對方禮貌的反應。不只是開場，談話中隨時帶著微笑會使對話更容易接續下去。即使是要拒絕他人，也可以用微笑來化解彼此之間的衝突。俗話說：「伸手不打笑臉人。」就是微笑的功用。

　　帶著微笑與人談話帶有鼓勵的意味，讓對方相信你很願意與他交談，也會比較沒有談話壓力。如果你不知道怎麼與人聊天，很簡單，先給對方一個微笑，你就會發現開啟對話其實並不難。

接續對方的話題

　　有了開始，接下來要說些什麼呢？如果對方開啟了話題，很簡單，你就順著說下去。記得，多用問句來接續對方的話。開

□對話的技巧

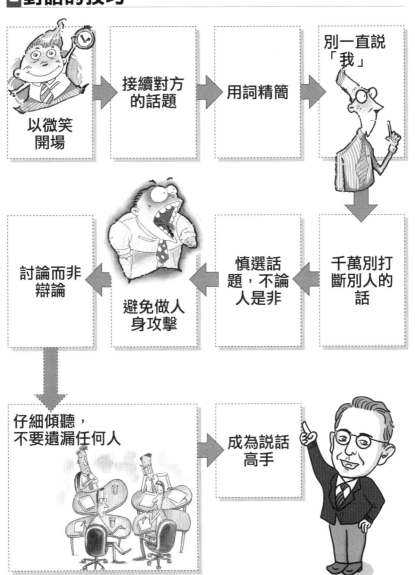

以微笑開場 → 接續對方的話題 → 用詞精簡 → 別一直說「我」

千萬別打斷別人的話 ← 慎選話題，不論人是非 ← 避免做人身攻擊／討論而非辯論

仔細傾聽，不要遺漏任何人 → 成為說話高手

仇恨敵人等於是讓他們擁有操縱我們的力量。

放式的問句可以讓對話持續下去。

也許你會遇到某些人對你所提的問題毫不在乎，千萬別氣餒，這是磨練對話能力的好時機。試著改變話題，問一些對方可能感興趣的事物。你可以觀察對方的衣著、態度及年齡來拋出話題。如果對方是個帶著孩子的媽媽，你可以問孩子多大

❌ **對話終止**　　A：今天天氣真好。　　B：是啊，很好。

✔ **對話繼續**　　A：今天天氣很好。　　B：很好啊，聽説明天會下雨是嗎？

✔ **對話開啟**　　A：吃飽了嗎？　　B：嗯，你去過街角那家麵店嗎？

❌ **對話結束**　　A：吃飽了嗎？　　B：吃飽了。

了、在哪兒學英文之類的；如果對方是個上班族，可以問他經濟景氣之類的問題。只要你帶著微笑，有禮貌地提問，總是有辦法讓你與對方多攀談幾句。

在對話中加上幾句真心的讚美會讓你的談話更加討喜。稱讚媽媽把孩子帶得好，稱讚上班族工作認真，只要真心誠意，別人很難拒絕你的。

用詞精簡

「話貴精，不貴多。」卡內基認為講話時，該停而不停，該省略而不省略，是最糟的習慣。講話不精簡的人容易變成自說自話，讓聽眾失去興致。

說話要說重點，有些人想要講笑話來增進談話的樂趣，但是太多笑話卻模糊掉談話的主題。也有些人怕對方不了解自己要談的內容，做了太多的背景說明，一樣會錯過重點。還有些人是開口之前沒想好自己要表達什麼，只是漫無目的隨性而談，自顧自地喋喋不休，那更是令人厭煩。如果你是這樣的人，要趕緊改掉這種壞習慣。卡內基的建議是，在談話時想像自己是在打一通很貴的長途電話。想到自己要省錢，會使你自覺地省略所有的廢話。

別一直說「我」

有些人開口閉口「我想」、「我覺得」、「我認為」，這麼做

會使對話變得主觀，削減溝通的力量，甚至造成不必要的誤解。所以要記得，在談話中表達自己的意見要適可而止，最重要是傾聽對方的話。對話中太多的「我」容易落入自言自語，對別人的睡眼、無聊或嘆氣完全無動於衷。

另外一種情況是，你的口才實在太好了，聽眾希望你一直講下去，這時候你可能應聽眾的要求而滔滔不絕，然而這麼做也是一大忌諱！卡內基說，說話就好比開車，你一定要注意交通號誌，而聽眾的反應就是紅綠燈。你要仔細觀察什麼時候是紅燈，什麼時候綠燈亮，這樣你才會知道何時可以繼續說下去，何時又該踩剎車。別忘記！讓人覺得意猶未盡的對話，才是最好的對話。

千萬別打斷別人的話

當別人正在講話時，千萬不要隨便打岔。卡內基告誡你，在談話中千萬不要做個打岔者，除非談話的時間實在太冗長了，你必須終止這個談話，而且其他的聽眾也都感到非常不耐煩，這時候打岔才是適當的。

慎選話題，不論人是非

不要講一些雞毛蒜皮、太過私人而無法引起大家共鳴的話題，例如你家的孩子考試有多棒之類的，你自己很感興趣，別人也許覺得很無聊。話題一旦無聊，再好的口才也救不了。所

一、以風馬牛不相及的問題來打岔

A：好像快要下雨了。
B：午餐要吃些什麼呢？

二、忽然提出與主題不相干的意見

A：這車的馬力很棒，跑得很快。
B：颱風的速度每小時可以上百公里。

不禮貌的打岔行為

三、在雙方談話中插入其他人的話

A：看完這本書你有什麼想法？
B：我朋友說另外一本書很不錯。

四、好像要幫著講故事似的岔開話題

A：《蜘蛛人》的特效很棒。
B：《蝙蝠俠》也不賴，聽說……

以，選擇彼此或團體中多數人會感興趣的主題，才能使每次的對話都賓主盡歡。

此外，談話的話題有百百種，所以不要說三道四論人是非。假若是談些明星的緋聞也就算了，對於認識的人或是共同的朋友，切忌在背後談論他人私事。尤其不要說別人的壞話，因為這會使你的形象大壞，別人也不願意對你講真心話。得不到他

人的信任，又如何能做良好的溝通呢？

避免做人身攻擊

談話時一定要能設身處地為他人著想，卡內基說這是一種人際敏感度。全心全意地去感受別人，是對人最大的尊重。在設定話題時，就要仔細觀察對方，不去談會傷害別人的話題，例如在跟佛教徒說話時，千萬不要說你認為和尚都在斂財。

不要在對話中刺探個人的隱私。中國人常常肆無忌憚地問人家一個月賺多少錢，這種涉及隱私的問題，有時就會傷害到對方。有關個人的收入、年齡、性向、種族或政治立場等都不是好話題，倘若個人的意見與他人相左，很容易造成衝突，一不小心就會形成人身攻擊。

也不要講一些容易傷感情的話，一旦講錯話更不要硬拗或愈描愈黑，道個歉，快快轉移話題。在對話中所有的遣詞用字都要小心，必能使談話愉快。

討論而非辯論

談話中保持心平氣和是很重要的。什麼是討論，什麼又是強辯呢？卡內基說，基於平等且理性和平的談話就是討論。強辯則是雙方動氣且猛烈地攻擊對方，同時緊緊地保護自己。卡內基特別強調：「強辯是對話的敵人。」

說服和堅持己見的差別在於說服者能把話說得不動氣而讓人

討論
有利的證據和溫和的語調→說服
→雙贏的結果

強辯
動氣、猛烈地攻擊→堅持己見→
不歡而散

信服。堅持己見的人，他的意見不一定是錯的，只是他沒辦法
控制自己以好的方式表達心意。討論的主要原則是提出有利的
證據和使用平和的語調。最好的討論態度是保持冷靜，帶點幽
默感，提出良好的理由，還要保持開放的態度，不要對事物帶
有偏見，彼此的討論就不會產生糾紛。

　　卡內基說強辯讓人產生隔閡，討論則能使人合一，強辯是野
蠻的，討論則是文明的。尤其在公開的場合，絕對不要強辯。
關起門來在家吵架或許可以增進情趣，但是千萬不要吵到外面
來，會傷害彼此的感情。

仔細傾聽，不要遺漏任何人

　　與人交談時，一定要認真聽對方在說些什麼。卡內基在無數的演講及訓練中，都提到傾聽的重要性。他曾說過整個美國社會的人都缺乏傾聽的技巧，但其實世界各地都是如此。太多的人總是堅持己見而不願意接受不同角度的意見，一聽到和自己意見相左的話語，就急著要切斷對方的談話，如此怎麼相互溝通呢？

　　當我們在傾聽對方的談話時，可以適當地給對方一些回饋，點頭或微笑都能支持對方說下去。

　　此外，和一群人談話的時候，要注意跟每個人都有接觸，因為我們怎麼知道所遺漏的人，會不會正好是最重要的人呢？在人多的場合中，總是那些口若懸河的人容易受到矚目，而安靜地坐在角落的人難免會受到冷落。這時候你若能主動去和對方攀談，自然容易獲得對方的好感，不知不覺又多了個朋友。

　　以上所談的是卡內基對於訓練口才的一些方法。把這些簡單又實用的方法加以練習運用，必能有效地幫助你增進人際溝通的技巧。

傾聽的技巧

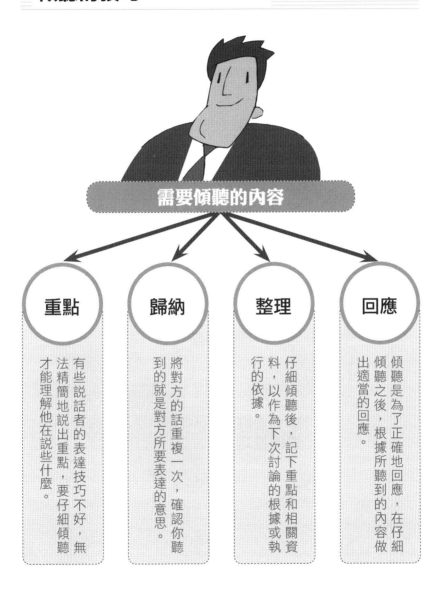

需要傾聽的內容

重點

有些說話者的表達技巧不好，無法精簡地說出重點，要仔細傾聽才能理解他在說些什麼。

歸納

將對方的話重複一次，確認你聽到的就是對方所要表達的意思。

整理

仔細傾聽後，記下重點和相關資料，以作為下次討論的根據或執行的依據。

回應

傾聽是為了正確地回應，在仔細傾聽之後，根據所聽到的內容做出適當的回應。

當你在抱怨壞運時，何不慶幸情況沒有更糟，而這就值得高興了。

人際關係與
成功人生

職場上的
成功人際關係

發展個人
健康心理

卡內基人際溝通
理論與技巧

成為一個
具有影響
力的人

建立良好的
溝通技巧

成為一個受
歡迎的人

　　演說是一項困難的說話技巧。要在大庭廣眾下侃侃而談，還要言之有物，沒有兩把刷子是做不到的。也許你覺得自己的口才不好，意見不足為道，然而如果你想讓自己有更好的人際關係，公眾演說是不可不練習的能力。

　　說話有條理，面對眾人能暢所欲言，是聰明自信的表現，容易贏得別人的讚賞與信任。如果一個人上了臺就結結巴巴，即使有再好的能力，也會讓人對他的印象大打折扣。因此，訓練自己能做出精采自信的公眾演說，必能提高個人價值，有助於建立更深廣的人際關係。

　　卡內基從一九一二年開始教授「公開演說技巧」，持續了將近四十年。每當他問學生為什麼想來上演說課時，大多數的人都回答說：「只要我被點名起來說話時，就會很緊張、很害怕，忘記自己本來要說些什麼。我希望能學到自信面對群眾的方法。」本篇就是要教導你如何克服怯場，勤加練習，你一定會表現得愈來愈好。

自信的特質

| 了解自己的優缺點 | 熱忱負責的態度 | 公開演說的能力 |

完美的演説技巧

上場前的 心理建設	資料的 準備	寫下 演講稿	上臺演説 的技巧
克服講臺 恐懼症	決定演説 目的	引人入勝 的開場白	注意講臺 與麥克風
培養自信	熟悉演説 的場地	敘述清楚 的主題	與聽眾眼 神接觸
克服怯場	找朋友 練習	逐漸堆砌 的高潮	應用手勢
設定目標	標示演説 重點	扼要明白 的結論	安排提問

上場前的心理建設

克服講臺恐懼症

　　每個人初上臺時都會非常緊張，原因是缺乏自信，擔心自己表現得不夠好，害怕上臺後會出錯，而愈是擔心就愈是緊張，惡性循環之後，就變得不敢上臺了。卡內基表示，要克服講臺恐懼症，只要謹記四項要訣：

訣竅一　你不是唯一害怕上臺演說的人

每個人都會害怕走上臺去面對群眾，根據某項調查資料顯示，百分之八十以上的大學生都害怕走上講臺說話，所以別因為害怕就退縮或者給自己太大的壓力。

訣竅二　適量的恐懼是有幫助的

恐懼是遭遇挑戰時會有的本能反應，也許你會心跳加速、體溫升高，這是對外在刺激的生理反應，也表示你正在採取行動，激發你的潛能，讓你對刺激的反應更快、更好。

訣竅三　沒有天生的演說家

即使是專業的演講者，在每場演說開始前還是會擔心，沒有人是天生的演說家，這是卡內基自己的經驗。

訣竅四　你會害怕的原因是不習慣

因為不常演說，所以對這種行為不習慣。人對不常碰到的事都會比較排斥，只要多加練習就能克服。

培養自信

卡內基曾舉美國最具群眾魅力的羅斯福總統為例。羅斯福在自傳中寫道：「小時候我是個膽小笨拙的人，我很容易緊張，對自己很沒自信。後來我讀到一本故事書，描述部落族長告訴主角怎樣才能變得無畏且勇敢。他說每個人在行動時都會害怕，可是他可以裝作不怕，久而久之，假裝的也會變成真的，只要練習不害怕，就會真的變得不怕。這就是我的行為準則，只要我表現得不害怕，慢慢我就真的不怕了。」

行動是跟著感覺來的，先建立對自己的信心，就能生出自信的行動。

～培養自信的方法～

| 沒自信 | 假裝自信 | 生出自信 |

克服怯場

　　許多人在面臨重大挑戰時，會出現過度緊張的不適感，這種情緒被稱之為「怯場」。嚴重的怯場，會使演說者在演說的幾天前就出現食慾不振、失眠或體重減輕的現象。輕微的怯場，則會使演說者在臨上場前心臟怦怦跳個不停、汗水淋漓、口乾舌燥，甚至雙手抖到連個杯子都拿不穩。怯場的感覺令人很不舒服，使我們視演說為畏途。

　　卡內基認為，要去除怯場的情緒就只有熟能生巧一途。只要演說的經驗增加了，怯場的感覺就會逐漸減少，最後可能完全消失。所以，只要你勇敢地接受演說的挑戰，久而久之，就不會再怯場了。

～克服怯場的方法～

| 怯場 | 一次又一次地練習 | 不怯場 |

設定目標

當你在訓練自己的演說能力時，要先設定一個目標，然後努力去執行。舉例來說，你設定自己要能夠在會議中流暢地表達意見，那麼也許你就要在每次會議中都勇敢地舉手發言，發言次數愈多就愈不會感到緊張，就能說得愈順暢。

卡內基說：「我們如果能改變自己的想法，就可以改變人生。」也就是說，只要你願意學習改變，你就會從改變中得到莫大的好處。所以，如果你設定一個培養自己演說自信的目標，然後努力透過各種方法勤加練習，你就一定可以達成你的目標，培養出演說的自信心。

~設定目標的技巧~

| 找出自己的弱點 | 勤加練習克服方式 | 實踐預設的目標 |

資料的準備

決定演說目的

　　要做一場精采的演說，內容當然要豐富，而收集資料是最基本的準備工作。演說者常常覺得資料愈多愈好，但是卡內基提醒演說者，在收集資料之前，要先確定此次演說的目的究竟為何？是要去說服別人？傳達知識？或者只是單純地要取悅聽眾而已？要先決定演說的目的之後，才能有效地準備資料。如果不先想好演說目的，資料準備的方向就可能有錯誤，使你無法達到演說的效果。

熟悉演說的場地

　　除了演說的實質內容需要收集準備之外，演說場地的資訊也很重要。

　　當你接到演說邀約之時，務必要先針對右列的問題與主辦單位確認，正所謂「知己知彼，百戰百勝」，了解你的處境與聽眾，可以使你的演講更出色。即使你是臨時受邀，也可以根據上述的原則，緊急在心裡思考一番，選擇適當的演說材料。尤其是時間和聽眾的掌握，只要能妥善運用演說時間，再根據觀眾的類型來選擇講題，就可以做到一場還不錯的表現。

演說場地注意事項

演說的時間長度

你有多少時間可以應用，超過太多時間是不禮貌的行為。

會場布置

大會議室還是教室？室內還是戶外？有些什麼樣的輔助器材？例如麥克風、投影機之類的。

有沒有其他的講者

注意是否有其他演說者，以及他們要講哪些題目。避免重複的內容，才不會讓聽眾覺得無趣。

聽眾的類型

是大人還是小孩，聽眾的性別、社經地位、喜好等等。

該做什麼樣的穿著打扮

是正式的場合還是休閒娛樂場所？適當的穿著，可以讓你在演講臺上更吸引觀眾的目光。

找朋友練習

當你準備好演說內容之後，找個朋友演練一下，這樣可以從觀眾的角度知道自己的缺點及優點在哪裡。要知道，我們看自己常常會和別人看自己有所不同。從他人的眼光，最能知道自己的表現如何。如果你不方便把整個內容從頭到尾講一遍，也可以就重點和朋友交換一下意見，看看你的觀點及呈現方式是

幸福在眼前時我們很少把握，偏要等它消失了才能體會。

否容易接受和了解？有沒有疏忽的地方？如果有，就能趁機趕
快補足資料。

標示演說重點

　　還要切記一點，準備資料並不是把演講稿整個寫下來，然後
照本宣科地唸，這樣會使你的演說顯得生硬。最好是準備一個
大綱就好，細節可以臨場說明。但是一些重要的場合，如美國
總統的國情報告，幾乎是照稿唸的，因為君無戲言，一句話都
錯不得。即使如此，演說者也都要在事前順稿，務求唸起來自
然順口。

　　此外，依著大綱演說時，最好事前就把資料盡量記起來。
對演說資料愈熟練，上臺時就會愈有把握，表現也會愈好。現
代的科技發達，能夠幫助演說者表達內容的科技設備也愈來愈
多。但是卡內基認為，最高明的演說，反而是不太依靠這些視
聽設備的。他認為演說者才是主角，不要讓那些細微末節搶走
了演說者的風采。

　　我們常看到許多人在演說時把他所要講的一切都寫在投影片
裡，影片內容多采多姿，甚至有許多聲光效果，但你有沒有注
意到，演說者這時候在哪裡呢？很多時候，他們得退到講臺的
一角，以便讓畫面能完整呈現，讓觀眾看見絢爛的畫面及動人
的音效。如果一整場演說都是這樣呈現，結束之後恐怕觀眾連
演說者長什麼樣子都記不得，如此一來如何能營造良好的人際

互動呢？卡內基強調，不需要使用太多的輔助視聽器材，更不能夠依賴它們。演說是一種溝通，必定要用個人的誠心誠意與魅力，才能打動聽眾。

寫下演講稿

在演講稿的鋪陳方面，卡內基十分強調結構性。

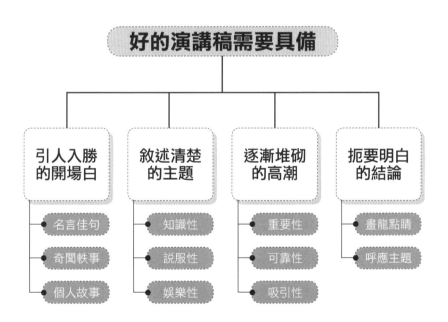

開場白

好的開場是一場精采演說的基石。在演說開始前，聽眾可能都還在吱吱喳喳，沒把注意力放在你的身上，或者他們都懷著高度期望準備聽你的演說。這時候，一段精采的開場可以吸引眾人的注意，更可以在短時間建立起你與聽眾的互動關係。在戲劇表演中，主角剛出場時導演都會安排一些橋段，讓觀眾了解角色的性格。在演講臺上也一樣，亮相時要特別注意，而開場白就是一種亮相的技巧。

如果你是很有創意的人，你可以想幾句非常獨特的話來開場，例如當天的時事、經典的句子，或是和你的主題有關的名言。此外，利用現場狀況來開啟話題也是很好的選擇。也有些人會選擇以說笑話的方式來開始，但如果你覺得自己不太會搞笑，還是不要隨便嘗試。

卡內基特別強調，千萬不要用「主席、xx總經理、各位先生女士」當開場，可以把這些禮貌性的問候語放在開場之後。就像有些電影會先來一段精采劇情，再開始片頭，只求一開場就抓住觀眾的心。

卡內基認為引用名言是最穩紮穩打的開場方式。一些眾所周知的警世名言或是有趣的奇聞軼事，都可以讓你的開場生色不少。為了因應演說的需求，平常你就可以注意收集名言佳句。要常常閱讀，看看別人如何運用名言。報章雜誌上也常有真正發生的趣聞，引用起來會更有說服力。卡內基建議你把這些句

名言佳句

經典的句子或者是
和演說內容相關的
佳句，有畫龍點睛
之效。

好的開場白

奇聞軼事

報章雜誌上的趣
聞、熱門時事，
會使演說內容更
加平易近人。

個人故事

大家都喜歡聽故
事，尤其由當事
人親自訴說的有
趣或感人的故事。

搞笑開場

選擇以笑話開場需要本身的
個性配合，否則不易成功。

不好的開場白

冗長的禮貌性問候

感謝長官、來賓之類
的話會使人覺得拘束
無趣。

無吸引力的敘述

沒有重點的引言會
讓人一開始就失去
聆聽的興致。

子或趣聞寫在卡片上，還可以加以分類，在準備演說資料時，就很方便運用。

主題

在鋪陳主題時，內容的安排必須注意系統性與邏輯性，論點要能環環相扣。卡內基特別提醒我們一個重點，就是盡量避免使用專有名詞，除非你是針對特殊族群講解專門知識。如果你的演說對象是一般大眾，最好不要用專有名詞，因為總會有人不了解它的意思。在萬不得已必須使用時，演說者得特別用淺白的語言解釋一下，以便聽眾能確切地了解你所講述的內容。

☐演說的三種主題

演說主題	功能	重點	目的
說服性	解決問題	說服聽眾	建立你的論點
知識性	增加聽眾知識	有用有效的知識	教育大眾
娛樂性	提供娛樂	精采創意與互動	讓觀眾印象深刻

高潮與結論

演說的高潮可以說是你全篇講稿最精采的地方。在論述時，要能有系統地安排你所要發表的內容，慢慢地引向高潮；能否

演說臺上的技巧

上臺守則

注意講臺高度，
務必讓聽眾看清楚你的臉

與麥克風的距離
最好維持在 15-20 公分

不要急著開口，
先面帶微笑用目光掃視全場

演說中不要有太多的小動作

不要一直盯著講稿，
隨時與觀眾保持眼神接觸

講話的速度要不疾不徐，
適時的停頓以加強語氣

利用手勢及語氣
暗示聽眾結論與時間

妥善安排提問

卡內基語錄
認真對待別人的想法，就是獲得友誼和影響他人的最有效方法。

製造出演說的高潮點通常也是你能否成功導向結論的關鍵。結論最好是一句美妙的句子，或是能和你的開場相互呼應。用一個精采絕倫的句子做結論，將使你的演說令人難忘。

上臺演説的技巧

　　把辛辛苦苦準備的資料化成有系統的演講稿後，接著你要熟練所有的資料，然後在臺上以最好的方式加以表現出來。好的演說技巧會使你的演說內容更加生色，可說是錦上添花。接下來，我們就要談上臺技巧了。

　　照著下述的技巧去做，常常找機會練習，對自己保持信心，你必定會成為一個很棒的演說者。

訣竅一

上臺前注意講臺的高度，務必要讓觀眾能清楚看見你的臉。有些主辦單位會在演講桌上擺上鮮花，如果你身高不夠，很可能就被花朵遮住。這時你要請主辦單位想辦法，一是降低講臺高度，不然就是幫演説者加個小平臺，以增加高度。如果兩者都不可行，你可以試試將麥克風拿在手上，走到講臺前或旁邊說話吧！總而言之，上臺前務必要觀察一下講臺高度。

訣竅二

上了臺先測量一下麥克風的距離，最好的距離約莫十五至二十公分之間。在做這個測量動作時，盡量保持優雅，最好是用目測，並且以正常音量對著麥克風講話。很多人會朝著麥克風咳嗽一聲，以確認麥克風是否運作正常。卡內基不建議這樣做，如果真的要測試音量，最多就輕敲一下麥克風，而且動作愈不顯眼愈好。卡內基還特別提醒演說者要善用麥克風的音量來製造現場氣氛。要使聲音聽起來輕柔，可以靠近麥克風；如果要大聲有氣勢地講，就可以稍微離開一點，才不致於因為音量太大嚇著聽眾。

訣竅三

演說時不要一直盯著講稿，也不要因為緊張就看著天花板或是窗外，記得要隨時與聽眾保持眼神的接觸。在演說中要能自然地環視全場，讓每一位聽眾都覺得你注意到他，這樣會使他們更加專心地聽你演說。

訣竅四

上臺站好位置後，不要急著開口，第一個動作是面帶微笑，然後花一至二秒用目光掃視全場，用你的目光和全場聽眾做第一次接觸，這是你抓住聽眾的好時機，那一兩秒的安靜與注視效果非凡。透過眼神的接觸，你要傳達的訊息是：「我很高興來到這裡演說，和各位共度一段好時光，各位，我在這裡。」千萬不要流露出驚慌失措的感覺。深吸一口氣，看看你的聽眾，然後開始你的演說內容。

訣竅五

演說中，記得不要有太多的小動作，例如抓筆、撥頭髮、拉衣服等等。這些不自覺的小動作會使你在講臺上看起來侷促不安，還會轉移聽眾的注意力，讓他們忽略你講了些什麼，反而盯著你的小動作看。所以，在演說前，一定要戒掉這些小動作，才能讓你在臺上有更精采的表現。

訣竅六

演說快結束時，可以用手勢及語氣暗示聽眾結束的時間快到了。你可以放慢速度，或是把情緒推到高潮。預告結束可以讓聽眾更加注意你的結論，加深對你演說的印象。在演說過程中，你也要注意時間，如果發現時間快到了，還有一些資料沒講完時，你要盡快決定是加快速度或是略去一些資料不提。這種臨場的應變需要事先準備，要先想好如果時間不夠時，可以省略的資料是哪些，以免在臺上因緊張而漏掉重要的資訊，使得演說內容不完整，那就可惜了。

訣竅七

有些演說會在結束後安排提問時間。如果有這樣的安排，你又不想因為沒人提問而造成冷場，可以事先安排工作人員扮成聽眾來提問。如果沒有安排，又沒有人提問時，你可以自問自答，好化解場面的尷尬。在回答聽眾的問題時，要先把他們的問題複述一次，好讓所有的聽眾都能聽到問題是什麼，並了解問題的重點。這個小技巧很重要。提問可以讓聽眾參與你的演說，是演說者與聽眾的互動與回饋，愈熱烈的討論愈成功。

訣竅八

講話的速度要不疾不徐,要有適時的停頓以加強語氣效果。但也不要停太久或講得太慢,那會使演說變得沉悶無聊。還要注意自己的音調,如果覺得太平淡時,要能適時加點能量和熱力,激勵一下聽眾,吸引他們的注意力。

完美的演說表現

用手勢加強重點

眼睛與聽眾保持接觸

講話的速度要平穩

不要有太多無謂的小動作

卡內基人際溝通
理論與技巧

人際關係與
成功人生

職場上的
成功人際關係

發展個人
健康心理

成為一個
具有影響
力的人

建立良好的
溝通技巧

成為一個受
歡迎的人

第七篇

成為一個受歡迎的人

●人與人相處的訣竅

●如何讓別人喜歡你

　　不論你是商人、醫生、建築師或家庭主婦等各行各業，如何
與他人相處都是生活中很重要的課題。根據卡內基機構早期做
過的一項研究顯示，工程界有百分之十五的人認為，成功的原
因在於技術，而百分之八十五的人則認為，成功的原因在於個
性與領導溝通能力。有鑑於此，卡內基親自訪問了許多知名人
士並收集許多資料，寫下人際溝通的專書，針對如何成為受歡
迎的人寫下許多指導與建議

■ 人際相處守則

**不批評、不責備、
不抱怨**

・以了解代替批評
・以同情代替責備
・以寬容代替抱怨

引起別人的渴望

・提供別人需要的
・重視他人的意見

真誠的讚賞和感謝

・讓別人感受到重要性
・讚美的力量

人與人相處的訣竅

不批評、不責備、不抱怨

　　美國著名的政治家班傑明‧富蘭克林（Benjamin Franklin）
年輕時做人並不圓融，後來卻變得很有外交手腕，善於交際，
還當上美國駐法大使，他的成功要訣就是：「不說別人的壞
話，只說好處。」批評和指責往往只是引來更多的不滿，是不
聰明的做法。

　　卡內基舉了奧克拉荷馬州一家營建公司為例。喬治是該公司
的工地安檢人員，要求工人確實戴上安全帽是他的職責之一。
每當他發現有人沒戴安全帽，他便會斥責並要求對方馬上戴
上。受指正的人總是很不開心，等他一走，立即又把帽子摘下
來。後來喬治決定改變做法。當他再看見工人沒戴安全帽時，
他便關心地詢問是否帽子戴起來不舒服，尺寸不合等等。他用
關心、溫柔的口氣提醒工人為了安全最好戴上帽子。這樣做的
效果顯然比之前好得多，工人戴安全帽的意願提高了。在卡內
基的書中，像這樣的例子不勝枚舉。

　　所以，與人相處的訣竅就是以了解代替批評，以同情代替責
備，以寬容代替抱怨。

真誠的讚賞和感謝

　　如果你努力為他人完成了某件事，卻得不到一絲讚賞或感

與人溝通時要給對方保留尊嚴和面子，才能打動他們的心。

謝，內心的失望是可想而知的。人總是渴望被讚賞。哲學與教育學大師約翰‧杜威（John Dewey）曾說過：「人類本質裡最大的驅力就是『渴望具有重要性』。」人都希望被看重、被珍視。卡內基也指出，曾有針對離家婦女所做的研究顯示，她們離家的主因是「沒人領情」，沒人感激她們做的一切。

　　因此，卡內基提倡一種新的生活方式，也就是讚美的力量。當你吃到好吃的食物時，不妨讚美一下主廚；當兒女拿到好成績時，稱讚一下他們的努力；當同事獲得升遷時，讚賞他的能力。你會發現，真心的讚賞與感謝會為你的人際關係帶來不同的改變。

引起別人的渴望

　　要吸引別人注意的最有效方法就是提供他想要的東西。卡內基舉例說，他自己喜歡吃奶油草莓，但是他知道魚兒喜歡吃蟲，所以釣魚的時候他不是拿草莓釣魚，而是拿蟲當釣餌。

　　有位父親對於三歲女兒總是不肯吃早餐感到很無奈，無論怎麼責備、哄騙都沒用。後來，他想到女兒很喜歡模仿母親，喜歡覺得自己像個大人。所以有天早上，他們讓女兒自己準備早餐，果然小女孩弄得很起勁，還吃得精光。卡內基強調：「要能引起別人的渴望。能夠這麼做的人，大家必然樂於與他相處。這種人永遠都不會寂寞。」

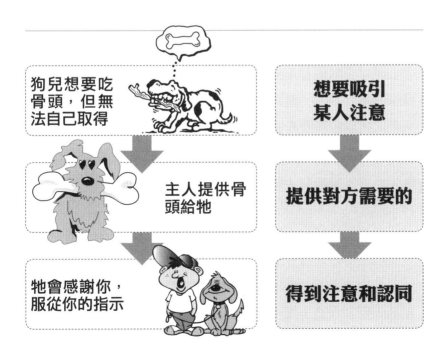

狗兒想要吃骨頭，但無法自己取得

主人提供骨頭給牠

牠會感謝你，服從你的指示

想要吸引某人注意

提供對方需要的

得到注意和認同

不要害怕讓步，願意主動坦承自己的錯誤才是氣度恢弘的人。

如何讓別人喜歡你

無私地關愛別人

　　卡內基把無私地關懷別人放在人際關係的首位。他回憶他五歲的時候，父親送他一隻狗，這隻狗非常忠心，每天都在門口等著他放學回家，只要看到他的身影就會高興地又叫又跳。這隻狗憑著忠誠和關愛，深深贏得卡內基的友誼。同樣的道理，如果我們能真正無私地關愛朋友，當然會受到認同和歡迎。

　　然而，人們總是最關心自己。多年前紐約一家電話公司曾做過一項統計，在五百次的通話中，「我」這個字就被使用了三千九百九十次。如果永遠把自己擺在第一位，就無法真心地關懷他人。

　　心理學家阿德勒（Alfred Adler）在他的書中說：「一個人若不懂得去關心別人，會使自己的生活很痛苦，甚至傷害了別人。人類之所以會經歷許多失敗，就是因為這樣的人太多了。」

　　美國前總統羅斯福之所以人緣極佳，就是因為他的真誠，連白宮裡最低階的工作人員，他都能叫出名字並牢記他們的特長。在現代管理學中，人脈經營被視為是成功的重要工具之一。要建立良好的人脈，並非只是觥籌交錯、長袖善舞，卡內基強調要從心做起，出自內心地關懷別人。

　　人都有自我保護的機制，要敞開心懷並不容易，不過只要用心去學習體驗，慢慢就可以做到。試試看，先從對人微笑開

讓別人喜歡你的六種方法

無私地
關愛別人

建立好的
第一印象

熟記他人的
姓名

樂於傾聽別
人的聲音

尋找對方有
興趣的話題

肯定他人

多對別人展現興趣，每天都去做一件能帶給別人歡笑的好事。

始，多關心別人的生活，設身處地為對方著想，養成習慣之後，你就能真誠地關懷別人，然後得到更多的人際回饋，展開更豐富的人際道路。

建立好的第一印象

卡內基有句名言說道：「連最偉大的魔術師都無法擋的魔力就是：微笑。」

要讓人留下好的第一印象，最重要的就是面帶微笑。中國有句古諺說：「伸手不打笑臉人。」卡內基認為行為的表現，遠比文字或語言更具有說服力，笑容所代表的意義是：「我喜歡你，我很高興看到你。」在與人見面的時候，如果不帶一絲笑容，即使講再多話也不會讓對方感受到你的誠意。所以，笑容是令人留下好印象的最佳利器。當然，不帶感情的笑容是沒有作用的，發自內心的真誠微笑才能打動人。

卡內基提到一名獸醫告訴他的故事。那天許多人帶了自己的寵物去接受預防注射，接待室裡人滿為患，大家都等得有些不耐煩。後來一位媽媽懷裡抱著九個月大的小孩和一隻貓走了進來。那小孩抬頭看著隔壁的老先生，突然綻放天真可愛的笑容，結果呢？老先生也報以微笑，並開始和那位媽媽交談起來，然後整個接待室的人都加入話題，氣氛頓時熱絡起來。

如果你覺得自己是個天生不愛笑的人，那該怎麼辦呢？你只好強迫自己練習微笑。卡內基建議你，沒人在身邊時，多練習

❏ 微　笑　禮　貌　練　習

	做到	沒做到
☺ 每天起床對著鏡子給自己一個微笑	☐	☐
☺ 感謝父母或另一半為你準備早餐	☐	☐
☺ 讚美早餐店老闆的手藝	☐	☐
☺ 微笑向公車司機或交通警察致意	☐	☐
☺ 微笑向同事道早安	☐	☐
☺ 工作煩悶時，微笑為自己加油	☐	☐
☺ 遇見不認識的人，先微笑打招呼	☐	☐
☺ 別人發表意見時，保持微笑傾聽	☐	☐
☺ 候車時，給一同等車者一個微笑	☐	☐
☺ 塞車中，給其他駕駛一個微笑	☐	☐
	☺	☹

微笑、唱個歌、吹吹口哨，假裝自己很快樂的樣子。當你發現因為微笑而產生的正面反應，就會使你感受到微笑的好處，自然而然就養成對人微笑的好習慣了。微笑不用成本，卻會給你的人際關係帶來大豐收。

熟記他人的姓名

卡內基說過：「就算是天籟，也不比自己的名字悅耳。」

卡內基曾經訪問過當時的美國郵政局長傑姆‧法利（Jim Farley），他生長在單親家庭，家境貧困，學歷不高，但是天性熱情坦率，因此非常受人歡迎。他有個特殊的本領，就是只要他認識的人，他一定把對方的名字牢牢記在心裡。卡內基問他成功的祕訣。他反問卡內基：「你覺得我為何會成功？」卡內基答說：「因為你記得住一萬個人的名字。」傑姆笑說：「你錯了，我可以叫出五萬個人的名字。」當他認識一個人的時候，他一定會弄清楚對方的全名、家庭背景、工作內容，甚至是政治立場。下一次當他再遇見這個人時，不管隔了多久時間，他一定上前寒暄，他這個本事使大家樂於與他親近。當他幫羅斯福總統助選時，也就成了得力的助選員。

當自己的名字被人正確地唸出來的時候，會讓人產生一種被重視的感覺。如果名字被叫錯或忘了，心裡一定不會痛快。美國鋼鐵大王卡尼基（Andrew Carnegie）也領悟到這個道理。他曾經為了爭取賓州鐵路局的生意，而把自己的鋼鐵廠以賓州鐵

成功的人

誰的名字我都記得住。

高

成功指數

努力向上者

我記，我記，我努力熟記認識的人的名字。

失敗的人

無法記住別人的名字，也不願意努力去記。

低
低

高 ← 失敗指數 →

路局局長的名字命名。還有一次，他為了得到美國太平洋公司的臥鋪火車工程，和布爾曼鋼鐵公司產生激烈競爭，最後是以兩家公司合資另設一家公司的方式取得工程，雙方皆受益。在談判的過程中，卡尼基就以新公司的命名為「布爾曼豪華臥車公司」的提議，化干戈為玉帛，創造雙贏的結果，也改寫了美國工業界的歷史。

　　人們常會說自己太忙，哪有時間去記這些瑣碎的小事，但別忘了，連羅斯福總統這樣的大人物都能做到這種小事，你又能多忙呢？當然，由於前人的教誨，現在企業也都很重視這些小事，你不妨將此當作一種個人公關的基本訓練，下次認識新的人時，努力記下他們的名字，你會發現這對拓展人際關係有很大的幫助。

樂於傾聽別人的聲音

　　卡內基說：「擁有專注傾聽的態度，永遠不會被別人拒絕。」

　　專心地、注意地、仔細地聆聽對方的談話，是給對方無與倫比的讚美。它帶給人的喜樂是金錢換不到的。在商場上要能成功的訣竅，就是要懂得專心傾聽對方的意見，在溝通的過程中，只要你願意傾聽，就占了優勢。

　　現代的管理學理論中，傾聽的技巧已經成了職場的必修課程。卡內基從實際的生活經驗中，體悟到傾聽的重要性，並加以宣揚。在他的書中，他舉了許多例子強調傾聽的重要性。他

傾聽的力量

家庭與人際關係

- 家人情感更和睦，更能互相包容。
- 了解彼此心中感覺，減少代溝與隔閡。
- 朋友間的交談更能撫慰人心。
- 減少因誤解所產生的衝突。

職場互動

- 同事間來往更有效率。
- 上司與下屬間的溝通更有效，更容易被接受。
- 提高工作意願與樂趣。

商業往來

- 贏得客戶的信任與敬重。
- 溝通往返更準確，更有效率。
- 獲得更多的資訊與商機。

認為，富麗堂皇的裝潢遠不如耐心傾聽的售貨員來得有用。如果門市人員只會推銷而不懂得傾聽客人的需求，這樣的店家勢必無法生存。

人們有多麼需要透過談話來宣洩情緒呢？卡內基舉例說，有一次林肯總統寫信邀請朋友到白宮來見面。在相聚的幾個小時裡，林肯不斷地談論到一篇解放黑奴的文章，以及許多相關的評論與褒貶。他幾乎沒有徵詢朋友的意見，只是滔滔不絕自顧自地說下去，直到聚會結束。他的老朋友回憶起這件事時說：「講完這些事情以後，林肯的情緒顯然平靜多了。」顯然林肯只是需要一個聽眾而已，使他能一掃心中的鬱悶，整理自己的思緒。

連林肯這樣信念堅定的人都需要別人的傾聽，我們就可以明白傾聽的作用有多大。做個好聽眾，絕對可以使你受到別人的信賴與喜愛，從而建立良好的人際關係。

如果你想成為一個好的談話對象，那麼你就得先做個好聽眾。隨時請教別人有興趣的話題，鼓勵別人談他自己，讓他人能盡吐心中的話語。如此，別人就會很樂意和你說話。

尋找對方有興趣的話題

卡內基說：「與對方談論他感興趣的話題，必定使溝通結果事半功倍，你的計畫將攻無不克。」

投其所好，就是要觀察並了解對方的喜好，然後針對對方

尋找對方有興趣的話題的好處

A 找 B 合作生意
B 沒興趣，A 無功而返

A 努力尋找 B 感興趣的話題

A 發現 B 喜歡車，於是深入了解車訊

A 與 B 碰面，聊車子，無關生意

B 主動找 A 談生意

的喜好去行動。我們在與他人交往時，常常有個錯覺，以為盡情地表達自己，對方才會喜歡我們。其實這樣做是不夠的。孫子兵法有云：「知己知彼，百戰百勝。」要建立良好的人際關係，勢必要了解對方的好惡，才能在談話中切中要點。

管理理論中也提到，獎賞員工最好的方式就是給員工他們所要的東西。有些人喜歡權力，就給他升遷；有些人喜歡金錢，就給他加薪。即使在管教小孩時，因好的表現而來的獎賞若能投其所好，效果也會更好。

人總是需要別人的關心。有人傾聽你說話時，你會覺得自己得到尊重。有人與你談到你喜愛的話題，你會得到認同。這種認同感，正是建立友誼的開始，所謂相知相惜，要能相惜，就要從相知開始。所以，如果你想與他人有好的關係，就要努力去了解對方的喜惡。

卡內基喜歡以羅斯福總統的事蹟為例。許多人對羅斯福總統的學識淵博感到不可思議。不管他和什麼人說話，都能談得興高采烈。羅斯福總統是怎麼做到的呢？其實很簡單，他會在和對方見面的前一天晚上，弄清楚來訪者興趣所在，針對對方的興趣準備好談話的內容，如此自然可以在見面時相談甚歡。羅斯福總統很明白一個道理：「所有在高位的領導者，要得到人們真心的擁戴，就得滿足他們的喜好。」

刻意地去談論對方有興趣的話題，可不是一味地諂媚對方。諂媚是無論對方說什麼都跟著附和，不分青紅皂白地稱頌對

方，支持對方的觀點。投其所好的談話是認真看待對方有興趣的話題，與對方進行有深度且合宜的對談。誠心誠意地與對方談論他有興趣的話題，會使對方感覺到你的關心與尊重，而諂媚只會讓對方覺得你別有所圖。

如果你真的對對方感興趣的話題完全無法了解，又來不及做功課時，怎麼辦呢？很簡單，引起對方的話題，然後仔細地傾聽，誠心地向對方請教你不懂的地方。誠懇的態度與耐心傾聽也可以達到同樣的效果。切忌對自己不懂的事擅加批評或表現出不耐煩的神色。

尋找共同的話題

認真研究對方感興趣的話題，讓對方感受到你的專業和用心。

≠

趨炎附勢

不分是非地稱讚對方，說的話非出自真心，也沒有認真學習過。

肯定他人

卡內基說：「人類最希望獲得的，就是別人的認可與尊重。所以永遠別忘了要讓別人感受到他的重要性。」

讚美，就是對人最好的認可與尊重。有一天，卡內基到郵局去寄信，他排隊等了很久。他並未感到不耐煩，卻注意到郵務員重複地做著一些工作，臉上寫滿了單調、無聊與沉悶。卡內基想要讓那位郵務員快樂起來。輪到卡內基時，他對郵務員說：「你的髮型真好看。」這句話果然讓對方有了反應，他先是訝異，然後綻放笑容對卡內基說：「哪裡，不比從前了。」於是他們小小聊了一會兒，郵務員顯得愉快又熱絡，態度改變了許多。卡內基相信，那天郵務員一定會覺得很快樂，說不定回家還會對太太炫耀他的頭髮呢！

有人問卡內基，這樣做對他自己有什麼好處呢？卡內基忍不住嘆氣說，做人真的要那麼自私嗎？做任何事都要先想到對自己有沒有好處嗎？如果人們都那樣小氣，連一丁點的快樂都不願意分給別人，那還指望能得到什麼呢？給他人真誠的讚美，所得到的是他人真心的快樂。

做先生的學會讚美太太，會使婚姻更加幸福美滿。卡內基曾讀過一篇文章，讓他印象深刻，那篇文章大概的內容是：「如果做先生的不懂得如何取悅妻子，那千萬不要結婚。婚前對女孩子的讚美是必然的舉動，但婚後的讚美可是一項難得的美德。讚美正是婚姻的潤滑劑，沒有它，愛情會走向終點。」如

果每對夫妻都能做到互相讚美和感謝，就不會有現在那麼高的
離婚率了。

肯定所生出的力量

人都希望獲得認可和尊重

ex: 工作的生產效率受人際關係所影響。

讚賞他人的優點或努力

ex: 多多讚美員工的表現。

他人因而生出更大的動力

ex: 員工因讚美而提高生產效能。

互惠結果

ex: 工作者與管理者都因此受惠。

第八篇

成為一個具有影響力的人

- 達成共識的技巧
- 影響他人的技巧
- 糾正他人錯誤的技巧
- 激勵他人的方法

　　一個成功的人必然也是深具影響力的人。他的意見容易被別人接受，他的觀點也能夠獲得他人的支持。他懂得運用有效的溝通技巧，消除彼此之間的歧見。在職場上，他必然是個成功的領導者，讓下屬心悅誠服地接受他的領導。要成為這樣一個深具影響力的人，讓卡內基教導你一些必備技巧。

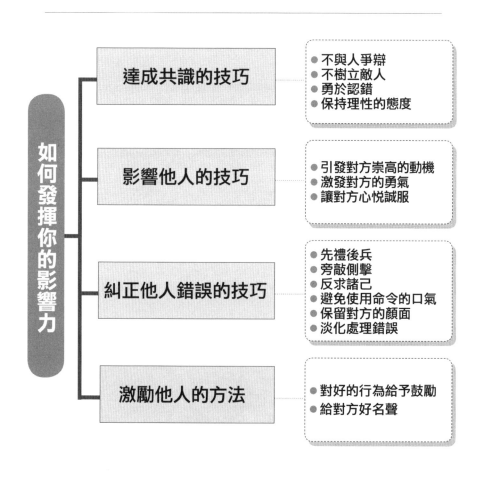

達成共識的技巧

不與人爭辯

與他人意見不合時，人們最常出現的反應就是爭辯。卡內基告訴我們說：「對於爭辯，我們應視之為洪水猛獸。」

卡內基曾經也是個好辯者，有一次他去參加朋友的宴會時，席間某位老先生引了一段話，並告訴大家說那段話是出自聖經，但其實那段話是引自莎士比亞。年輕氣盛的卡內基當場就指出對方錯誤，結果那人始終不承認錯誤，讓場面十分尷尬。剛好卡內基的好友法蘭克先生也在座，他一向對莎士比亞的作品很有研究，卡內基便請教他，請他評評理。沒想到法蘭克居然說：「你錯了，老先生是對的。」接著還用腳踢了卡內基一下。當然，由於法蘭克的說詞，一場紛爭就此平息。宴會結束後，卡內基質問法蘭克：「那句話的確出自莎士比亞，難道連你也糊塗了嗎？」法蘭克立刻告訴他：「當然是莎士比亞說的，它出自哈姆雷特第五幕第二場。」但他又說：「你知道嗎？在一場盛大的宴會上，何必去求證誰對誰錯，這樣會令人討厭的，何不顧全對方的面子？況且當時他也沒問你的意見，你又何必跟他爭辯，做人別太尖銳了。」

從此，「避開正面衝突」成了卡內基的座右銘。爭辯的結果往往只是讓雙方都更堅持己見，即使你講得再對，對方也不願意接受你的意見，這樣的溝通方式，如何能達成效果呢？

「以和為貴」的說法聽起來有點鄉愿，卻是有效溝通的不二法門。卡內基舉了一個汽車銷售員的經驗和大家分享，這位銷售員老是跟客戶爭辯車子的優劣，他以專家自居，把別家廠牌的汽車批評得一無是處，結果是沒有人要跟他買車子，他的業績奇差無比。但自從他接受卡內基的訓練之後，不再與客人爭辯，反而仔細傾聽客人的話，不管客人如何批評自家的產品，他總是不予辯論，且適時地提供客人需要的資訊，這樣的改變反而使他成為成功的銷售員。

謹記富蘭克林的名言：「爭辯、反擊或據理力爭有時是可以獲得勝利，但那種勝利很不真實，因為對方永遠不會心服口服。」

不樹立敵人

卡內基說：「不要與人爭辯不休，更不要當面指責別人的錯誤，你就永遠不會有敵人。」當我們與他人意見不合時，很容易就流露出敵意、不屑、輕蔑，甚至是厭惡。也許你沒有說出口，但你的肢體語言，例如雙手環胸、帶著輕視的微笑，很容易就讓對方感受到你的不滿。要避免這樣的情況，最好的方法就是承認自己的想法不會永遠是對的。只要沒有「我對你錯」的想法，自然就能在意見不合時，心平氣和地與對方溝通。

羅斯福總統在入主白宮時曾表示，在他的所作所為之中，如果能有百分之七十是對的，他就心滿意足了。如果連這樣重要

的人物都如此謙沖自牧，我們是不是更應該在指責別人時停下來想一想？

避免樹敵的說法

- 你錯了！
- 你這樣講不對。
- 我不同意你的說法。
- 你不知道這樣做是錯的嗎？

最好別這麼說

- 我們是不是忽略了什麼？
- 我聽過不一樣的說法。
- 真糟糕，我的看法和你有點出入。
- 我的做法不一定正確，如果我錯了，請你多指教。

你可以這麼說

卡內基建議，如果你要告訴別人任何事，千萬別一開口就說：「我保證……我認為……」這種口氣暗示自己比對方高明，容易引發別人對你的挑戰，話沒說完，紛爭就開始了。要指正對方某件事，最好的方法是讓對方覺得是他自己發現這個錯誤的。沒有人喜歡被糾正，尤其是當面的指責。也千萬不要用強烈的措詞來表達自己的意見。委婉的說法會讓別人比較容易接受，也能避免直接的衝突。

當別人提出一件你認為是錯的事情時，要抑制立刻反駁的衝動，讓對方先把話講完，然後在回話時以說明的方式指出正反兩面的評論。把這項技巧用在商場上，當客戶在抱怨時，你可以讓他盡情地說，而你以謙和的態度來處理，不去指正他的錯誤，讓證據自動顯明對錯，或是以好的態度化解怨氣，如此必能使對方留下好印象，糾紛也會變得比較好處理。

勇於認錯

俗話說：「知錯能改，善莫大焉。」可見做錯事時，認錯的態度具有正面意義與價值。卡內基曾舉了一位美術設計的例子：他曾為一位主編工作，但這個主編很挑剔，總是惹得雙方不歡而散。有天這位主編又打電話來叫他過去，因為他有些地方做錯了。這位設計決定改變做法，他一進門就對主編說：「很抱歉，我做了這麼久還犯這種錯誤，真是不好意思。」主編聽到他這麼說，回答道：「你是不該犯這樣的錯，不過這也

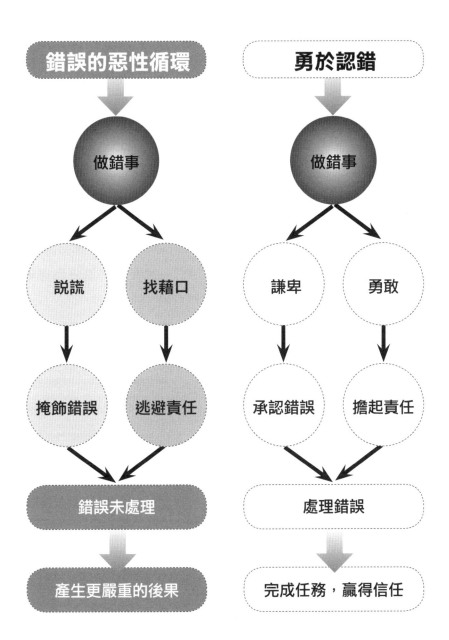

別為瑣事操心，不要讓無關緊要的小事毀掉你的幸福。

不是太嚴重……」他的勇於認錯反而讓對方不再多做責怪。

用謊言來遮掩錯誤，用藉口來避開責任，是一般人常有的反應，最糟糕的甚至出現「錯就錯了，不然你要怎樣」的攻擊性態度，這些做法不但不能解決問題，反而會造成別人的反感，產生更多的問題。卡內基說：「謙卑，會使你得到更多。」要在做錯事情時能很自然地認錯，就要先學會謙卑。當我們能接受自己的弱點，了解自己也會有做錯事的時候，便能輕鬆自然地認錯，不會對認錯這個行為感到羞愧。試試看，不管大錯小錯，只要錯誤的發生跟自己有關，你都可以先認錯。你會發現，認錯之後，事情變得容易解決多了，你的人際關係也會變得更好，別人也更能接受你的行為與意見。

保持理性的態度

當你在盛怒時，大發一頓脾氣或許可以消消氣，但你會因此感到快樂嗎？你在盛怒中所講的話，別人會接受嗎？美國前總統威爾遜說過：「如果有人握著拳頭而來，我也會握緊我的拳頭。但如果你說：『我們來商量個解決辦法。』我會接受。只要耐著性子，彼此真誠，必然可以溝通。」

當別人所做的事引起你不滿時，很多人會因此發怒。使用激烈的言詞來處理事情，除了宣洩情緒之外，沒有任何幫助。相反的，如果你使用理性的語言和態度與對方溝通，可以在沒有敵意的狀況下，真正地了解彼此的需求。凡事使用理性的言

語、溫和的態度，就是卡內基所強調的技巧。

　　盛怒之下常會說錯話的原因是，我們忘了說話的目的，因為心中的怒意而盡說些言不及義的事情。這時我們需要理性地思考說話的目的。把情緒穩定下來之後，思考一下自己究竟要表達些什麼？希望藉由這次對話達到什麼目的？以及要如何措詞才能達到目的？

　　只要我們能理性地思考談話的目的，就能使我們的談話不致偏離主題，即使對方的言語引起你的不滿，也不會因此亂了陣腳。對方也會因為你理性溫和的態度而改變他的說法方式。這就達到了影響他人的目的。

盛怒中請注意

- 深呼吸，稍安勿躁
- 把情緒穩定下來再開口
- 在腦中想想要說的話
- 用溫和委婉的方式表達

三思要說的話

第一思：
我要表達些什麼？

第二思：
我希望藉由這次對話達到什麼樣的目的？

第三思：
我要怎麼說才能達到目的？

影響他人的技巧

引發對方崇高的動機

　　每個人都自認是個好人，所做的事也都是好事，就像有些竊賊會強調自己是在劫富濟貧。也就是說，人類會將自己的行為以更高的道德目的來合理化。很少人會自認做得不好或說自己是壞人，這是人類很奇妙的心理。所以如果你想影響他人的行為，好好利用這種奇妙心理。

　　卡內基曾舉例說，有位房東遇到房客要提早解約，房東當然可以很生氣地要求房客履行租約，或是按照租約要房客付清所有的房租。但是這位房東沒有這樣做，他去見了房客，並且對房客說：「你要搬家令我十分意外，我這房子出租這麼多年，也看了不少人，我覺得你不像是個不守信用的人，我也相信你不是這樣的人。我想，對退租這件事，你不妨再多考慮幾天，這個月先住滿吧。到時你如果堅持要搬，我當然會尊重你的決定，不過我相信你是守承諾的人。」結果一個月後，房客來繳房租，並承諾住滿一年。

　　石油大王洛克斐勒也用相同的技巧對媒體記者說：「各位之中有很多都是愛護子女的好父母，你們也知道讓孩子從小就在媒體前曝光對他的發展並不是太好。」他訴諸為人父母的心理，避免了媒體刊登他孩子的照片。

　　這兩位所運用的技巧，就是引發對方內心更崇高的動機：

「信守承諾」和「保護孩子」。運用這個技巧的前提是所謂「人性本善」的論點。反之，如果你一開始就抱持著敵意，則很難運用這項技巧來影響別人。有些時候，因為你的信任、正直與尊重，就連原本想做壞事的人也會被你感動，引發出他們內心最高貴的情操。所以，不妨試一試這個方法！

人性本善

訴諸崇高的理念與動機
（例如：守信、正義感、愛心）

影響對方的行為

達到想要的結果

激發對方的勇氣

卡內基說：「好勝的欲望，挑戰的心理，是最好的激將法。」有些時候，當我們用盡一切口舌而對方依然不為所動時，你就

可以試試激將法。

有個工廠經理便使用激將法來刺激員工的生產力：在日班員工下班的時候，他問值班人員，日班生產了幾批貨。值班人員告訴他「六批」，於是他拿了粉筆在地上寫了個六。晚班的領班來上班的時候，發現地上的數字，他問工人是怎麼回事，工人告訴他這是工廠經理寫的。第二天經理上班的時候，發現地上的字被晚班領班改成七。白班工人看見了，覺得夜班是在挑戰，於是拚命工作，到下班的時候，把地上的七改成了十。工廠經理聰明地用了激將法，輕輕鬆鬆就提升了員工的生產效力。

人類行為學家赫茲伯格（F. Herzberg）在研究過成千上萬人的工作表現後發現，使人願意工作的主要原因不是薪資、工作環境或福利，而是工作本身。工作本身具有的趣味或是挑戰，是使人更樂意工作，甚至把工作做到最好的原因。

在人際關係中，激將法也是十分有效的工具，但要注意的是，使用之前你必須確定對方是個有足夠能力及抗壓性的人，否則激將不成，反而給對方太大的壓力，甚至造成對方的失敗，就失去原本的好意了。

想要成為一個成功的人，也要具備不畏挑戰的勇氣，要有超越自我的想法，把握任何能證明自己的機會，即使別人對你使用激將法，也要有想贏的欲望，並且努力付諸實現，這樣才能成就一番事業。

讓對方心悅誠服

想要改變他人的行為，不能使用強迫的方式，必須把理由說得讓對方心服口服，高高興興去做。這個時候，給對方戴個高帽子是有用的。但可不是要你去諂媚對方，而是在溝通表達的時候讓對方感覺自己很重要。

一次世界大戰的時候，美國總統威爾遜必須派出一位代表到歐洲與各國領袖舉行和平會議。當時的國務卿布萊恩很想擔當這項任務，因為這是一個可以名垂千古的機會。但威爾遜總統選了布萊恩的朋友豪斯上校。布萊恩知道這個消息後非常沮喪，但豪斯告訴他：「總統認為這項任務不能派遣國家最重要的人物去，因為怕引起不必要的臆測，在和平談判還未明之前，還是低調處理比較好，所以才沒有派國務卿前往。」這段話宣示了布萊恩的重要性，於是就讓他釋懷了。記得，給對方戴個高帽子，更有可能讓人高高興興地為你做事。

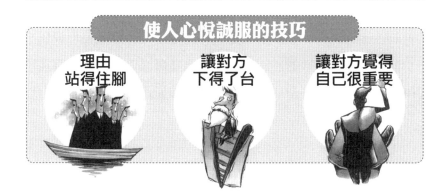

使人心悅誠服的技巧

| 理由站得住腳 | 讓對方下得了台 | 讓對方覺得自己很重要 |

糾正他人錯誤的技巧

先禮後兵

在指正別人的錯誤時，最怕一開始便毫不留情地批評。卡內基建議在批評之前，先給對方一些讚美，把氣氛弄得較溫和之後，再提出對方需要改進的地方，這樣會使對方比較容易接受你的意見。

舉例來說，有個銀行的新手在結帳的時候常常出錯。部門主管認為應該解僱這名員工，但銀行經理卻另有想法。他仔細觀察那位員工的工作，發現她在接待客戶時非常親切又有耐性，而櫃檯業務也處理得快速確實，但到了結帳的時候卻變得十分緊張。於是經理走了過去，先給她加油打氣，稱讚她的工作都做得很好，讓她的心情安定下來，不再顯得焦慮，然後經理再詳細地教導她如何結算，結果進行得非常順利，此後她在結算方面再也沒有任何問題。

身為主管，在教導新人或下屬時，如果能先稱讚他的優點，再糾正他的錯誤，會使對方比較容易接受，教學效果也就事半功倍。這是很微妙的心理作用，卡內基形容這就像是牙醫在治療時會先給病人打個麻醉針似的，運用先禮後兵的原則，可以有效地糾正對方的行為。

如何糾正他人的錯誤

先禮後兵 先給對方一些讚美，再提出對方需要改進的地方。

旁敲側擊 婉轉表達，心平氣和地交換意見。

反求諸己 刮別人的鬍子之前，先刮乾淨自己的鬍子。

避免使用命令的口氣 沒有人喜歡被指使或操弄，多多使用鼓勵的口吻。

保留對方的顏面  在糾正他人時，依然顧及對方的面子。

淡化處理錯誤 讓他人從錯誤中學習，減少挫折感。

隨著年紀增長，我發現百分之九十九的憂慮從未真的發生。

旁敲側擊

　　直接了當的批評常常帶來反效果，因為它會使人失了面子，迂迴婉轉的手法讓大家都能平心靜氣地交換意見。舉例來說，有個工廠廠區禁菸，但是員工老是偷偷找地方抽菸。老闆經過看到時並沒有指著員工罵說：「你們不識字嗎？」相反的，他拿出一包菸，每個人發了一根，然後對他們說：「如果你們可以到外面抽，我會感激不盡。」員工們當然知道自己違反規定，但是抓到他們違規的老闆不但沒有處罰，還給每個人一個小禮，這樣他們還好意思違反規定嗎？老闆不用罵人，用這個旁敲側擊的手段讓員工再度了解規定，並且願意遵守規定。

☐糾正他人錯誤時

錯誤的方式

你這次成績進步了，我們很高興，但是如果數學成績能更好就好了！

讚美＋批評＝效果 ↓

好的方法

我們很高興你成績進步了，如果你繼續努力，數學成績也會跟其他科目一樣好。

讚美＋旁敲側擊的指正＝效果 ↑

要注意的是，有些人會在稱讚之後加上「但是」兩個字，不過「但是」兩個字就把讚美的效果給抵銷了。這樣的說法會讓人覺得讚美是批評的前奏，對於你的讚美就不那麼感動了。稍微改進一下說話的技巧，就可以促進更好的人際關係。

反求諸己

卡內基曾經聘請他十九歲的姪女擔任他的祕書，但她沒什麼工作經驗，常常做錯事。有次卡內基很想指責她，卻忽然想到自己。卡內基捫心自問：「我的年紀幾乎是她的兩倍大，做事經驗不知比她豐富多少，怎麼能要求她跟我有同樣的反應與判斷？再想想，我自己十九歲的時候，又會做些什麼？」因為這樣的想法，卡內基就能夠包容姪女的脆弱，並且耐心地指導她。在批評他人的時候，卡內基以反求諸己的方法來表達他的意見，讓對方很樂意接受他的指正。

我們常說要尊重與包容，但做不到的原因就在於我們不常反求諸己。當我們要求別人做某些事情，而對方無法完成時，我們就會指責，卻鮮少想想如果是自己要去完成那些工作，真的能順利不出錯嗎？就算我們做得到，也要想想自己是否比對方多了些經驗或能力。

卡內基也舉了另外一個例子。有位父親很想勸兒子戒菸，但是他自己也是個老菸槍，既不能以身作則，那要怎麼做呢？他對兒子說：「我年紀輕輕的時候就開始抽菸，這麼多年都戒不

掉，現在我的肺不太好，常常咳嗽，如果你繼續抽個幾年，將來也會跟我一樣。但我很希望你比我健康。」他沒有勸兒子不要抽菸，但是把抽菸的壞處告訴兒子，並說出自己的軟弱，無法戒菸。他反求諸己的做法，反而讓兒子在思考後決定戒菸。

避免使用命令的口氣

卡內基說：「命令別人，會導致更多的麻煩。」用命令的說話方式，會導致別人的反感，當然達不到溝通的目的。簡單地說，沒有人喜歡被別人指使或操弄。例如有人把車子停在不該停的地方，擋了你的路，你可以很生氣地大罵：「是誰把車子停在這裡？快點給我移開，不然我就叫人把車子拖走。」車主或許會馬上去移車，但是他的心裡一定很不痛快，說不定還暗自咒罵幾句。如果你能換個口氣說話：「請問是誰的車子擋住了通道？方便移一下車嗎？」相信車主會很樂意地將車子移開，還可能跟你說聲：「對不起！」豈不皆大歡喜。

在領導方面，卡內基也舉了一位工廠經理的做法為例。那家工廠臨時接到一張大訂單，但是由於工廠原有的生產進度已經排好，經理很擔心是否能夠準時交貨。這位經理的做法是把員工召集起來，將工廠面臨的狀況讓員工了解，然後問大家該怎麼辦才好。員工於是群策群力提出解決方案，貨也如期完成。不用命令的方式領導員工，讓員工參與決策，更能夠提升員工的向心力。

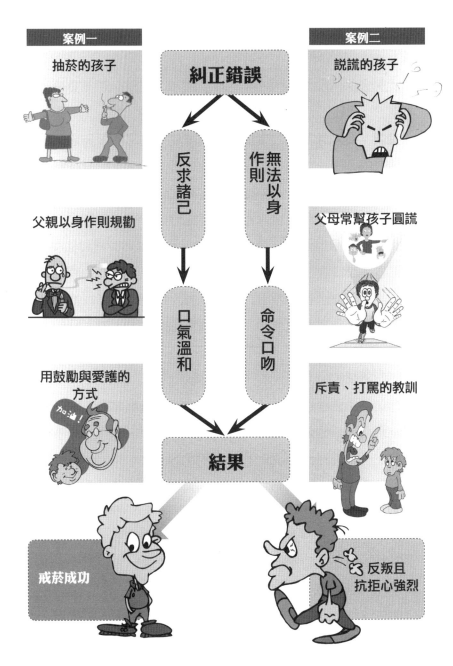

案例一

抽菸的孩子

父親以身作則規勸

用鼓勵與愛護的方式

加油！

糾正錯誤

反求諸己 → 口氣溫和

無法以身作則 → 命令口吻

結果

戒菸成功

案例二

說謊的孩子

父母常幫孩子圓謊

斥責、打罵的教訓

反叛且抗拒心強烈

說話說重點就好，給別人也有說話和表達意見的機會。

保留對方的顏面

替對方保留顏面是一件非常重要的事，希望得到尊重是人的本性。

我們常常在急著解決事情的時候，就忽略了要保留別人的面子。卡內基舉了某位負責裁員的管理者為例，當他對被裁撤的員工說：「很抱歉，生產的旺季已過，現在沒有什麼工作可以讓你做了，當初我們也說過這只是臨時工作……」每次得到的反應總是一臉沮喪與不諒解。後來，他改用另一種說法：「你的工作表現真好，幫了我們公司大忙，解決了我們的問題，公司非常感謝你，我們相信以你的能力，無論去到哪裡都會受到重用。以後如果有機會，一定還會與你合作。」對方聽到這樣的話，神情都不一樣了。下一個旺季時，他們也都會很樂意再回到公司幫忙。

有句俗語說：「有話慢慢講，家和自然萬事興。」如果我們能做到在糾正他人時，依然顧及對方的面子，必然會使事情達到更完美的境界，人際關係也會變得更好。

淡化處理錯誤

要讓一個人能夠從錯誤中學習，就要給他追求進步的動力。卡內基以他一位朋友為例，這個人四十多歲，剛訂婚，未婚妻慫恿他去學跳舞，他因而談起他學舞的經驗。「二十年前我第一次學跳舞，那時的老師說我的基礎不好，必須從頭學起，這

話傷了我的心，害我失去了學舞的興趣。這次的老師卻說，雖然我會的舞步有點老派，但基礎還不錯，所以學新舞步應該會很快。這位老師還稱讚我很有節奏感，讓我對跳舞充滿了興趣，雖然我覺得自己沒什麼天分，但我還是很願意繼續學舞。」第二位舞蹈老師很顯然把學生的錯誤給淡化了，而且很會鼓勵學生，因此得到比較好的教學效果。

讓犯錯的人覺得自己所犯的錯誤是可以修正的，少了過重的心理壓力，才有勇氣去更正錯誤。如果再加上適當的鼓勵，會有更好的效果。人在軟弱的時候，都很需要他人的支持。當你犯錯時，如果有人幫助你、鼓勵你，你自然而然會接受幫助者

好的處理態度		不佳的處理態度
● 替對方保留面子和退路。 ● 讓別人有臺階下，他才更願意承認錯誤並改過。	改進	● 毫不留情的指正。 ● 讓對方感到被貶低。 ● 讓對方沒有臺階下。

將錯誤淡化處理		毫不留情的指責
● 給對方可以從錯誤中學習的機會。 ● 讓對方覺得錯誤是可以彌補的。	改進	● 挑剔各種小錯誤。 ● 不看優點只看缺點。 ● 雪上加霜又落井下石。

對於微小的改進也要多加讚美，才能鼓勵對方往美好繼續前進。

的意見。如果你是上司，用這種態度來對待犯錯的屬下，他一定會覺得你是很好的領導者，很願意聽從你的建議和要求，你也達到指正的目的。試試看，下次碰到有人犯錯時，淡化處理錯誤，並運用鼓勵的方式，看看會得到什麼效果。

激勵他人的方法

對好的行為給予鼓勵

卡內基有個好朋友是馬戲團的馴獸師。卡內基觀察發現，每當動物依照指令做出正確的動作，馴獸師就會一直稱讚牠，並且賞牠一塊肉吃。其實幾乎所有的馴獸師都是用這種技巧來訓練動物。於是卡內基就想，為什麼不用這種方式來改變人的行為呢？當代的心理學家史金納（B.F. Skinner）就曾以動物做實驗，結果發現用獎賞的方式會使動物做出被要求的行為，而如果減少獎賞，動物的行為就會退化。於是「用讚美取代批評」成為史金納所主張的論點。

卡內基採取這項理論，運用在他的訓練中，鼓勵大家多多真誠地讚美別人。想想自己是否曾經被某些鼓勵的話語所激勵，而決心從事某項工作或做某種練習。卡內基說過一個故事：好幾年前在義大利拿波里有位男孩，他一直想成為一名演唱家，但是他的第一位老師卻毫不留情地潑他冷水，並斷言他的音質

好的行為	不好的行為	好的行為	不好的行為
獎勵	鼓勵	未被獎勵	被斥責
感覺受到重視	感覺受到重視	不被重視	感覺被看輕
維持好的名譽	為好的名譽而努力	好的行為難以維持 	惡性循環 
強化好的行為	改進不好的行為		

不好，甚至形容他的聲音就像風吹在百葉窗上一樣，只是難聽的嘎嘎聲。幸好，這個男孩的母親沒有放棄，她不斷地鼓勵孩子，省下每一分錢讓他繼續拜師學藝，後來這名男孩終於學有所成，成為偉大的男高音與歌劇演唱家，也就是眾所周知的卡羅素（Enrico Caruso）。卡內基以這個例子說明鼓勵對改變人類行為的重要性。

另外一個例子是大文學家狄更斯，他年輕時因為家裡負債，無法接受正規教育，與朋友住在貧民區的閣樓裡；白天在工廠辛勤工作，只有深夜才能寫稿與投稿。有一天，有位編輯接受了他的稿件，還寫了一封信來稱讚他。這項鼓勵讓狄更斯更加努力不懈，也為英國造就了一位偉大的文人。

卡內基特別強調，在運用鼓勵這項技巧時，必定要出自真誠，而且鼓勵必須明確。你必須清楚地向對方說明他在哪件事情上表現得很好，不要泛泛地隨意讚美，這樣才能使你的鼓勵有效果。指出明確的事情，對方才會真正地感受到你對他的關心與了解。如果不特別說明，就成了一般的客套話，毫無感動人心的效果。

給對方好名聲

「任何人都會為自己的名譽奮戰。」卡內基舉了一個朋友的例子。肯特太太剛僱用了一位女佣。在女佣上班的第一天，肯特太太對她說：「妳的前任雇主告訴我，妳是個誠實的人，很

會做飯，也很會帶小孩，就是清潔工作比較差一點。但是我看妳打扮得非常整潔，我相信妳一定會把家裡打掃得很好，我們絕對會相處愉快的。」因為肯特太太賦予她的榮譽，這位女佣特別用心地打掃房子，果然把事情做得很好。

如果你的員工原本表現很好，後來卻愈做愈差了，你該如何處理呢？你可以要他辭職，但這樣做或許無濟於事；你也可以

懂得激勵他人

明確的鼓勵
- 自信
- 不放棄
- 自尊
- 安全感

訴諸更高的心理動機
- 自我實現
- 自我價值
- 自我提升

成功發揮你的影響力

能把小事做好，大事才不會出錯。不要因為事情小就不願意盡力。

責罵他，但結果可能是招來他對你的怨懟。卡內基認為最好的方法，就是以好的名譽來鼓勵他。你可以這樣對員工說：「你是個很優秀的人，過去的工作表現相當令人滿意，最近是否因為工作量增加了，工作績效比以前差了點，我很欣賞你，有什麼問題我們可以一起研究解決。」你讚美了員工的優點，他就會努力保持他的優點來回報你。

這項「給對方好名聲」的技巧，即使用在孩子身上也很有效！卡內基舉了個例子：有位國小老師剛接手新班級的時候，發現班上有個頑皮的孩子叫湯米。開學第一天，她稱讚了班上每個孩子，她對湯米說：「你是個天生的領導者，今年要請你幫忙老師把我們班變成全校最好的一班。」湯米受到老師的稱讚，於是努力要表現好行為，而每當湯米做得好時，老師便會稱讚他。久而久之，他也成為老師得力的小幫手。

激勵別人，要多用讚美的方式，給對方受尊重的感覺，讓他們覺得自己受到重視，而且能夠獲得好的名聲。如果你能熟練地運用這些技巧，再加上你的誠意，必能有效地增強你的人際關係，在領導方面，也可以如魚得水。卡內基強調，「真誠」是建立人際關係的不二法門，真心地關心他人，勤加練習各種溝通技巧，必能成為一個人人信賴且具有影響力的人。

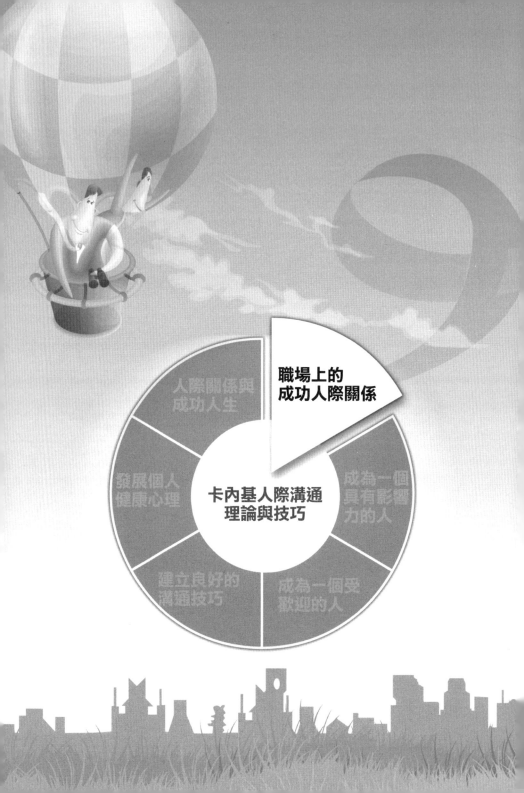

職場上的
成功人際關係

人際關係與
成功人生

成為一個
具有影響
力的人

卡內基人際溝通
理論與技巧

發展個人
健康心理

成為一個受
歡迎的人

建立良好的
溝通技巧

在職場上，最常見的人際衝突就是客戶的抱怨、各種狀況的談判，以及合作關係的處理。運用卡內基的人際溝通技巧，可以讓你在這些工作上無往不利。

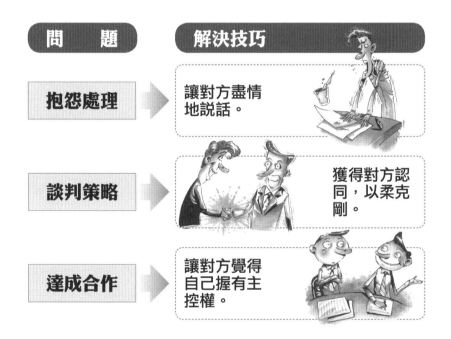

問　　題	解決技巧
抱怨處理	讓對方盡情地說話。
談判策略	獲得對方認同，以柔克剛。
達成合作	讓對方覺得自己握有主控權。

處理抱怨

處理抱怨的第一法則：讓對方盡情地說話。

要化解別人對你的抱怨時，最好的方法就是讓對方盡情地表

達他的想法和意見。這比「不與人爭辯」更進一步，因為你除了不強辯之外，還要鼓勵對方說話。例如，客人向你抱怨他買的產品有瑕疵時，你除了連忙道歉之外，還要請教他對產品或服務有沒有其他的意見。你誠惶誠恐地道歉又請教，對方就算有天大的怨氣也會消除。最怕的是你不但不道歉，還引經據典地說你的產品絕無問題，完全是消費者使用不當。這種強硬的態度，保證讓所有的客人退避三舍。

有時候你會覺得對方的怨言實在沒有什麼道理，甚至有些強詞奪理。你不是想要辯論，只是想把道理或事實告訴對方，於是你打斷他的話，滔滔不絕地陳述己見。但最後你會發現，對方根本一句話都聽不進去，場面是愈弄愈僵。如果對方是你的朋友，他可能會拂袖而去；如果對方是你的客戶，你這筆生意恐怕就做不成了。你可能還會納悶，怎麼大家都這麼不講道理，或許你還會告訴自己只是運氣不好。如果你在面對抱怨時，沒有尊重與包容的態度，反而在心中存著優越感，那麼你永遠無法處理好抱怨。誠如卡內基強調的，你必須謙卑，仔細傾聽對方的話，如果對方表達得不清楚，你就試著幫他們理出個頭緒來，好讓你完全理解他們的問題。即使對方在情緒中，言語對你有些冒犯，你也要理性地傾聽。唯有讓對方盡情地說話，才能安撫他們的情緒。在他們宣洩完之後，就能平心靜氣地與你溝通，這時你說的話才會有影響力。

「讓對方盡情地說話」這項技巧也可以運用在別的地方。卡

內基曾經舉過一個例子：一位布商業務代表想要爭取車廠椅套的訂單，但在雙方會面當天，這個業務代表卻因為喉嚨痛而無法發言。不得已之下，車廠的經理只好就對方提供的資料，替那位業務代表發言。沒想到因為由自己人發言，引起了熱烈的討論，在他們有問題時，就自己從資料中找出答案，布商業務代表只能在一旁點頭微笑。這種由買方自問自答的方式，反而使這位業務代表贏得一百六十萬美元的訂單。

　卡內基還舉了一個家庭的例子：有位母親覺得青春期的女兒很難管教，無論怎麼教訓她都沒用。有天媽媽很難過地問女兒：「妳為什麼這麼不聽話？」女兒問她說：「妳真的想知道嗎？」媽媽點點頭，於是女兒把她心裡的話一五一十全說了出來。在傾聽的過程中，媽媽了解自己過去忽略了女兒的感受。她發現過去與女兒無法溝通的原因是自己從未好好聽她說話。從此以後，這位媽媽常常鼓勵女兒把話說出來，母女關係自然大為改善。

「讓別人盡情地說話」這項溝通技巧就像是一種魔法，它使人願意對你敞開心胸，讓你輕輕鬆鬆地走入對方的心中。

談判策略

先獲得對方的認同

　　與人談判時，卡內基建議不要在一開始就提雙方的差異處，最好從雙方都贊同的事情開始談起，先營造和平的氣氛，再慢慢處理雙方不同的意見。如果在提出意見的當下，你覺得會造成雙方的對立，請先特別強調：「我們的目的是相同的，只是方法手段有所不同罷了。」以此化解成見。

以柔克剛

　　卡內基稱這個方法是師承蘇格拉底而來，也就是利用「是」的反應，循序漸進引導對方走向你所設定的目標。希臘哲學家蘇格拉底在兩千多年前，就以他獨特的蘇格拉底式問答法，讓弟子與談話者在不知不覺中接受他的論點。

　　當別人與你意見不合時，不要急著反駁，先傾聽，找出有共識的部分，問一些對方會回答「是」的問題，待對方消除敵意之後，再委婉提出你的意見。保持這種溫和的態度，保證你在溝通上無往不利。

　　卡內基認為這種「以柔克剛」的做法，最能達到影響別人的效果：問些肯定的問題，帶出對方「是」的反應，得到肯定的結論。舉例來說，許多政治造勢場合上，候選人每講一段話後，就會問臺下的觀眾：「是不是這樣？」「這樣對不對啊？」

觀眾在連續喊幾次「是」、「要」、「對」之後，無論候選人又講了些什麼，情緒都已 high 到不行，產生深深的認同感，不同意他的話都難。

運用「是」的談話技巧

問一些對方肯定會回答「是」的問題

當對方連續回答幾個「是」以後，
心裡已經產生些許認同

提出你的看法，因為雙方已有認同，
較能以理性的態度來思考，以平和的話語來討論

循序漸進導入你要達成的目標

取得共識，完成結論

達成合作的方法

　　卡內基說：「天底下所有的人都希望對事情握有主控權，更希望自己的想法與行動能被別人重視與接納。」你是否覺得自己的意見是最高明的，別人都比不上你？如果你有這樣的想法，別人也會這麼想。切記，在溝通的時候不要將你的意見強加到別人身上，讓別人得出自己的結論。你只要能引導對方得出的結論和你的想法是一致的，那就足夠了。能做到這樣，沒有什麼合作是談不成的。

　　許多管理者在激勵員工的時候，都會使用這項技巧。卡內基以費城一家公司的業務部門為例。該公司的負責人亞爾先生覺得手下的業務員精神不振，工作效率奇差，於是他召開了一個會議。他的目的是想給員工打打氣，但是他的做法並不是來一段精神訓話。他用關心詢問的口氣，希望員工在會中發言，自己提出改進工作效率的方法。結果大家熱烈討論，提出了種種方法，那不像個檢討會議，反而成了團結大會，公司的營運績效在不久之後也有了大幅成長。讓員工自己提出增進工作效率的方法，比主管耳提面命來得有效果，這就是讓對方做結論以達成共識的威力。

　　為了達成合作，我們常常用盡辦法想要說服對方，殊不知最佳的策略，就是了解與切中對方的需求。如果一切條件都是對方想要的，而你也能夠接受，合作就水到渠成。你可能會問，

真誠的微笑，溫暖的微笑，由內心發出的微笑才真的具有價值。

怎麼可能事事都迎合對方呢？萬一對方的提議我不滿意呢？卡內基以羅斯福總統的做法為例，提供你一個技巧。當羅斯福總統要提名重要官員時，他會請各政黨推舉適合的人選，如果第一個人選他不滿意，他會請他們再推舉一個更合乎理想的人選，經過再三的商討與過濾，最後總會找到最滿意的人選。在這段過程中，他讓對手完全參與決策，即使是在野黨也會覺得政府用人充分尊重他們。之後，若政府要推動任何政策，也比較容易得到他們的支持。所以，要得到對方的合作，試著讓對方與你一同做決策。

卡內基也舉了一個汽車業務員的例子。有對夫妻想要買車，但他們十分挑剔，後來車商進了一輛車子，業務員便邀請那對夫妻前來看車。業務員是這樣對他們說的：「您上次來看車的時候，我發現您對汽車性能非常了解，簡直是專家，今天剛好有輛中古車，勞駕您幫我鑑定一下。」顧客受到讚美後非常高興，便很認真地看車又試車，最後說道：「能以三萬美元買到這輛車就很划算。」業務員便順著問：「如果車主有意以這個價錢賣出，您有興趣嗎？」因為是客戶自己估的價，生意自然順利成交了。

讓對方覺得自己握有主控權，就是達成合作的最佳利器。

「知己知彼，百戰百勝」的策略

知己
確認自己的目的，
並加以規畫。

知彼
了解對方的需求，
並加以滿足。

了解對方的
想法。

由對方自己提出
要求。

引導式及開放
式的討論。

清楚對方的
策略。

引導對方走向設
定的目的。

達到合作的
目的。

卡 內 基 語 錄

不要總是想著自己的成就和需要，多看看別人有什麼好點子。

國家圖書館出版品預行編目資料

圖解卡內基人際溝通 / 溝通達人工作室 編著

初版 . -- 臺北市；商周出版：家庭傳媒城邦分公司發行

2007　面；　公分

ISBN　978-986-124-885-1（平裝）

1. 人際關係　2. 溝通

177.3　　　　　　　　　　　　　　　96007998

圖解卡內基人際溝通

編　　　者／	溝通達人工作室
文 字 整 理／	邱菀慧
責 任 編 輯／	陳玳妮

版　　　權／	翁靜如
行 銷 業 務／	李衍逸、黃崇華
總　編　輯／	楊如玉
總　經　理／	彭之琬
發　行　人／	何飛鵬
法 律 顧 問／	元禾法律事務所 王子文律師
出　　　版／	商周出版
	台北市 104 民生東路二段 141 號 9 樓
	電話：(02) 25007008　傳真：(02)25007759
	E-mail：bwp.service@cite.com.tw
	Blog：http://bwp25007008.pixnet.net/blog
發　　　行／	英屬蓋曼群島商家庭傳媒股份有限公司城邦分公司
	台北市中山區民生東路二段 141 號 2 樓
	書虫客服服務專線：(02)25007718；(02)25007719
	服務時間：週一至週五上午 09:30-12:00；下午 13:30-17:00
	24 小時傳真專線：(02)25001990；(02)25001991
	劃撥帳號：19863813；戶名：書虫股份有限公司
	讀者服務信箱：service@readingclub.com.tw
	城邦讀書花園：www.cite.com.tw
香港發行所／	城邦（香港）出版集團有限公司
	香港灣仔駱克道 193 號東超商業中心 1 樓
	E-mail：hkcite@biznetvigator.com
	電話：(852) 25086231 傳真：(852) 25789337
馬新發行所／	城邦（馬新）出版集團【Cite (M) Sdn. Bhd. 】
	41, Jalan Radin Anum, Bandar Baru Sri Petaling,
	57000 Kuala Lumpur, Malaysia.
	Tel: (603) 90578822　Fax: (603) 90576622
	Email: cite@cite.com.my

封 面 設 計／	李東記
內 文 設 計／	張瀅渝
排　　　版／	極翔企業有限公司
印　　　刷／	韋懋印刷事業有限公司
經　銷　商／	聯合發行股份有限公司
	電話：(02) 2917-8022　Fax: (02) 2911-0053
	地址：新北市 231 新店區寶橋路 235 巷 6 弄 6 號 2 樓

■ 2007 年 06 月 08 日初版　　　　　　　　　　　Printed in Taiwan
■ 2022 年 05 月 26 日二版 2.5 刷
定價 240 元

城邦讀書花園
www.cite.com.tw

104　台北市民生東路二段141號2樓

英屬蓋曼群島商家庭傳媒股份有限公司城邦分公司　收

- -

請沿虛線對摺，謝謝！

書號：BK5038X　　書名：圖解卡內基人際溝通　　　　編碼：

 商周出版

讀者回函卡

感謝您購買我們出版的書籍！請費心填寫此回函卡，我們將不定期寄上城邦集團最新的出版訊息。

不定期好禮相贈！
立即加入：商周出版
Facebook 粉絲團

姓名：_____ 性別：□男 □女

生日：西元_____年_____月_____日

地址：_____

聯絡電話：_____ 傳真：_____

E-mail：

學歷：□ 1. 小學 □ 2. 國中 □ 3. 高中 □ 4. 大學 □ 5. 研究所以上

職業：□ 1. 學生 □ 2. 軍公教 □ 3. 服務 □ 4. 金融 □ 5. 製造 □ 6. 資訊

　　　□ 7. 傳播 □ 8. 自由業 □ 9. 農漁牧 □ 10. 家管 □ 11. 退休

　　　□ 12. 其他_____

您從何種方式得知本書消息？

　　　□ 1. 書店 □ 2. 網路 □ 3. 報紙 □ 4. 雜誌 □ 5. 廣播 □ 6. 電視

　　　□ 7. 親友推薦 □ 8. 其他_____

您通常以何種方式購書？

　　　□ 1. 書店 □ 2. 網路 □ 3. 傳真訂購 □ 4. 郵局劃撥 □ 5. 其他_____

您喜歡閱讀那些類別的書籍？

　　　□ 1. 財經商業 □ 2. 自然科學 □ 3. 歷史 □ 4. 法律 □ 5. 文學

　　　□ 6. 休閒旅遊 □ 7. 小說 □ 8. 人物傳記 □ 9. 生活、勵志 □ 10. 其他

對我們的建議：_____

_____

_____
